遇见大运河

To Meet the Grand Canal

萧加 著

ZHEJIANG UNIVERSITY PRESS
浙江大学出版社

序。

在世界的东方，有一条被载入世界文化遗产名录的中国大运河，无论是居住在两岸的三亿多人，还是各国研究这条运河的学者们，恐怕还没有人会把这条具有两千多年历史的神秘大河，与一位著名的西方学者——李约瑟联系在一起。而我们的故事，却是从这里开始的。

李约瑟（Joseph Needham，1900—1995），英国人，出生于伦敦。1921年毕业于剑桥大学冈维尔－基兹学院，1924年被选为基氏学院的院士，1977年退休前长期担任该院的院长。他曾在剑桥得到生物化学博士学位，1931年剑桥大学出版了他的胚胎生物学著作《化学胚胎学》，这部作品在国际学术界获得很高评价，这使他获得了英国皇家学院院士的称号。

1942年，李约瑟来到中国，并对中国文化产生浓厚的兴趣。他在考察中发现，世界上最基础性的科学发明有一半都产生于这个文明古国。这意外的发现，使他放弃了胚胎学，终身致力于对中国文化的研究。1994年6月8日，他被选为中国科学院院士，成为中国科学院唯一的外籍院士。

他花费十几年时间编撰的巨著《中国科学技术史》，于1954年经英国剑桥大学出版社出版后，立刻轰动了西方汉学界，对现代的中西方文化交流也影响深远。1995年3月24日，李约瑟在英国剑桥逝世。

JOSEPH NEEDHAM

之谜

他在《中国古代科技史》中提出的『李约瑟之谜』，就是他研究中国古代科学的动机。他一直追寻的问题是：『尽管中国古代对人类科技发展做出了很多重要贡献，但为什么科学和工业革命没有在近代的中国发生？』这就是所谓的『李约瑟之谜』。他花费了后半生的时间和精力来研究这个问题，这个问题也成了国际科学界半个多世纪以来争论不休的谜。

当然也有人认为这是个『伪问题』，但他们也不得不承认，这个问题对世界的学术界还是有所启迪的。

那么，就以『李约瑟之谜』对我们的启迪作为开篇吧。但愿在本书中提出的『中国大运河之谜』不会也被后人视为『伪问题』。

公元2014年6月22日，中国大运河在卡塔尔多哈申遗成功，成为中国第46个世界文化遗产项目的消息传来当晚，有一群年轻人，在京杭大运河杭州段，在那座具有500多年历史的拱宸桥边，往运河中投放入了730盏河灯，那些灯像黑夜中满天闪烁的繁星，顺着河水缓缓地流向了远方。

这个仪式，足以让绍兴古城历代『曲水流觞』的先贤们都妒忌，他们是把这条跨越钱塘江、长江、淮河、黄河、海河，长达2700多公里，流经几十个城市的运河，作为一条中国文化的『曲水』，从这里开始他们的『曲水流觞』，对中国大运河与民族文化进行一次探索之旅。

这是杭州歌剧舞剧院的艺术家们，他们为中国大运河申请列入世界文化遗产名录，创作了一部具有特殊意义的舞台剧《遇见大运河》。此时，他们在运河中放流的那730盏河灯，象征着创作所经历的具有传奇色彩的730天。

谁都没想到他们创作的这部剧，会与大运河交响成一部内容丰富、意义深邃、形式优美的舞台艺术『异类』作品。他们将这次创作与巡演，赋予了我国古代的祓禊之俗——祓除祸灾、祈降吉福的仪式『曲水流觞』——现代的文化意义。

这一路走来，经历了意想不到的传奇故事，其中还牵扯进了令世界学术界疑惑半个多世纪的『李约瑟之谜』。

生长在大运河两岸的人，似乎都没感觉到，但其实，运河的水早已潜移默化地融进了他们的血液。孩子们就是在河边深巷中嬉戏打闹着长大的，到老的时候，他们每天也总会不约而同地到河边的桥头或亭子里聚聚，谈谈国家大事，或者家长里短地聊几句也好，不然总觉得这一天还没画上句号。

家里的两口子也常有因为运河闹得要离婚的，一方要搬到市中心『高大上』的新楼去，另一方却宁愿住在河边老旧的民居中——舍不得运河啊。可不，这就使得运河边的房价一直高高在上下不来。

当然也常有好朋友因为运河的故事争得面红耳赤。我们的故事就从这部舞台剧的编剧、导演、服装、灯光们的争吵中继续下去吧。

舞台剧的导演崔巍就是一位在创作中很『异类』的艺术家。她是2008北京奥运会开闭幕式的执行副总导演，一位现代艺术家。她受德国著名的现

舞剧

代舞艺术家、在欧洲艺术界影响深远的『舞蹈剧场』确立者、被誉为『德国现代舞第一夫人』的皮娜·包什（Pina Bausch，1940—2009）的影响很深，竭力主张运用『舞蹈剧场』的概念表现这部作品。

她的这种创作理念，使得几位主要创作人员为此争论不休。结果这部剧的整个创作过程，竟成了一个特殊的学术探讨过程，还阴差阳错地与英国的著名学者李约瑟牵扯上了关系。

距离舞台剧首演已经过去两年多了，这部剧沿着运河巡演，途经了六省一市的主要城市，但此间，主创人员的学术争论却从未停歇过。而且，他们在寻找学术界争论了半个多世纪的『李约瑟之谜』与中国大运河的关系时，从一个新的视角发现了中国大运河兴衰的秘密，这或许与『李约瑟之谜』的答案，有着同工异曲之源。

导演说《遇见大运河》本身就是一个没有结尾的故事，也许他们最终也没有找到这个谜的答案。但是一部艺术作品只有能够去探讨一个学术问题，才有可能成为经得起时间考验的艺术精品。

15 篇

5 幕

3 年

15 篇文

5 幕剧

3 年

北京
天津
沧州
衡水
德州
泰安
聊城
安阳
济宁
鹤壁
枣庄
洛阳
淮北
商丘
郑州
宿州
宿迁

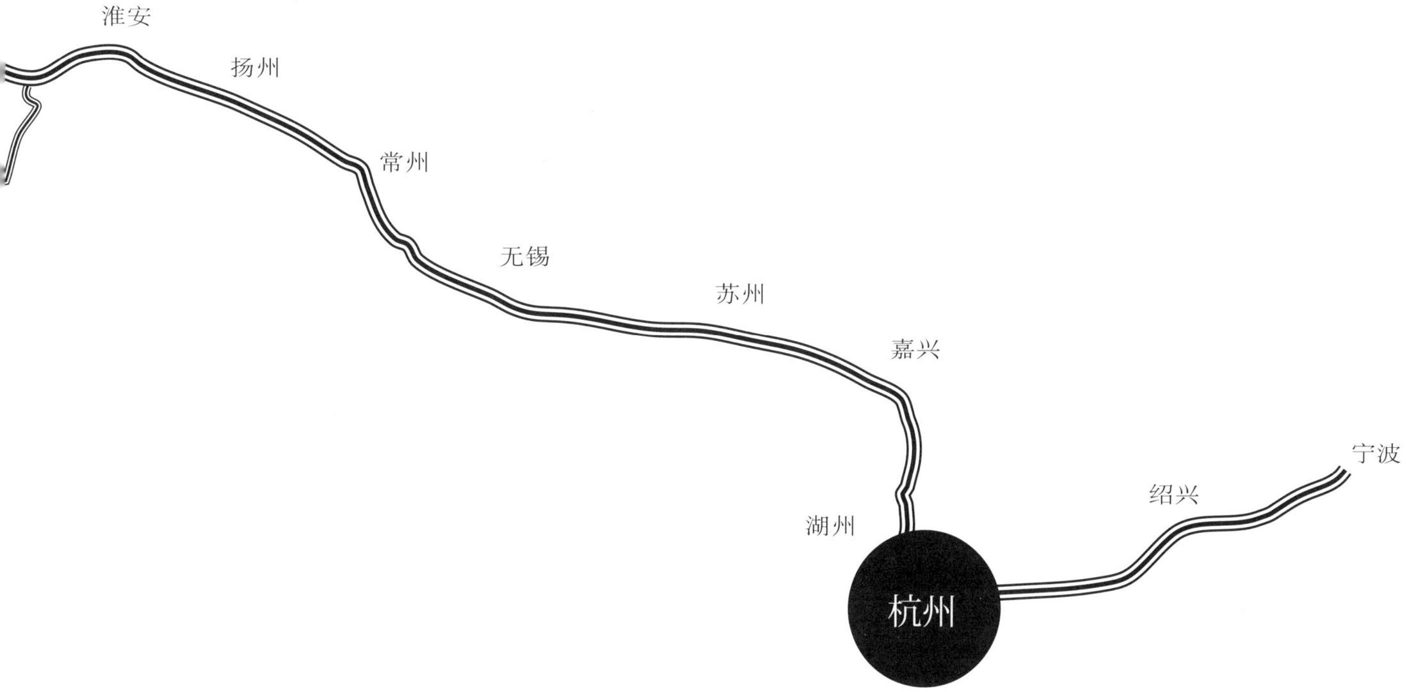
淮安
扬州
常州
无锡
苏州
嘉兴
湖州
杭州
绍兴
宁波

遇

见

歷史。

中国大运河	2700km	The Grand Canal of China<China>:2700km
伊利运河	581km	The Erie Canal<USA>:581km
苏伊士运河	173km	The Suez Canal<Egypt>:173km
阿尔贝特运河	130km	The Albert Canal<Belgium>:130km
莫斯科运河	128km	The Moscow Canal<Russia>:128km
伏尔加河－顿河运河	101km	The Volga-Don Canal<Russia>:101km
北海－波罗的海运河	98.7km	The Kiel Canal<German>:98.7km
约塔运河	87km	The Gota Canal<Sweden>:87km
巴拿马运河	81.3km	The Panama Canal<Panama>:81.3km
曼彻斯特运河	58km	The Manchester Ship Canal<UK>:58km

船。

橋。

岸。

大同技術補

餘慶里

景。

勞作。

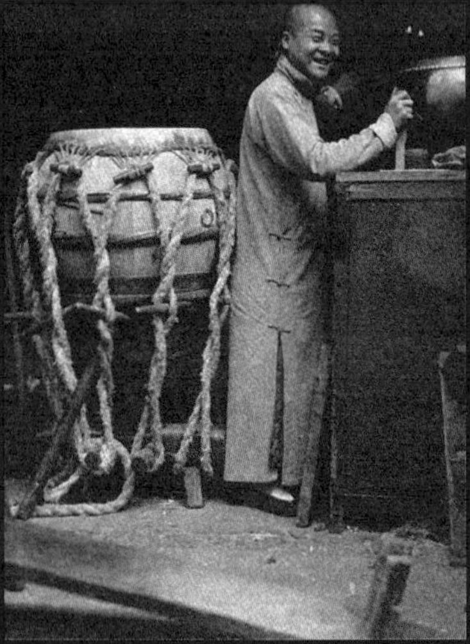

群。

01 探索"李约瑟之谜"

为什么"李约瑟之谜"的时间曲线，与大运河兴衰的时间曲线基本吻合？大运河的衰落究竟是因为新的交通工具的诞生，还是另有原因呢？

为了寻求答案，笔者应李约瑟研究所的邀请，不远万里前往英国。从飞机舷窗望着大地起伏的山峦与海洋，我们感觉是带着某种历史使命穿过了这辽阔的欧亚大陆与英吉利海峡。

经过了13个小时的长途飞行，飞机降落在了英国伦敦希斯罗机场。伦敦是西方工业革命的发源地之一，具有悠久的历史。乘坐的汽车刚进入市区，我们就听见"叮叮咚咚"沉闷的钟声，这或许就是"大笨钟"的声音。即使是第一次来到伦敦，我们也很自然地觉得这钟声并不陌生。看过狄更斯的小说《雾都孤儿》的人，都对书中在不同场景中多次出现的关于在夜幕降临后的伦敦"大笨钟"敲响时的描写很熟悉。其中，"雾"是这夜景描写中最具有时代特征的重要内容，所以狄更斯称当时的伦敦为"雾都"。

那时的雾，想必就是如今污染大气的雾霾吧。当然，那时的泰晤士河一定也是被污染的。

可现在漫步在伦敦市中心的海德公园，却满眼是湛蓝的天空、洁白的云彩，如今西方科技文明高度发展了，天空是那样的美丽，这会使你联想到，在 " 李约瑟之谜 " 提到的中国古代科技文明高度发展时，中国的天空一定也是湛蓝的。

对来自中国的解谜者来说，这是学术界争执了半个世纪的 " 李约瑟之谜 " 提出的问题。

是的，我们就是来探索这个谜题的，因为在创作关于大运河的舞台剧时，我们就已经发现，这个谜与中国大运河的兴衰有着千丝万缕的联系。中国大运河的污染、空气中的雾霾，与狄更斯描写的那个时代的西方社会，又会有怎样的关联呢？

剑桥大学离伦敦有一个多小时的火车车程，那是一个很精致的小镇，路上来往的多数都是来自世界各地的莘莘学子。在剑桥大学皇家学院，接待我们的是剑桥大学康河计划的主任王子岚女士，她来自武汉，在剑桥毕业后留校任教，她对中国大运河也颇有研究。

王子岚虽在英国多年，但仍是一身中式服饰，穿着用蓝色亚麻布制成的长裙。虽已是孩子的母亲，但她鬓发上还插着一朵粉色的鲜花。她是剑桥大学康河计划的负责人之一，是研究中国大运河的专家，她已从世界各国的图书馆与资料馆里，搜集了大量的有关中国大运河的资料与实物。

中午，我们找到皇家学院对面的一家名叫 " 飞鹰 " 的小酒吧用午餐。酒吧很小，甚至显得有些拥挤，但充满文化气息，很温馨，它已有两百多年历史，非常出名。两次获得诺贝尔奖的英国生物化学家弗雷德里克 · 桑格，就是在这里发现了 DNA 的测序法。

当你坐在那里，泡上一杯香浓的咖啡，就可以想象到那位伟大的科学家在这里喝着咖啡，突然发现 DNA 的测序法时欣喜的表情。

剑桥大学皇家学院的专家向我们介绍了在全世界搜集的关于中国大运河的大量历史图片、影像资料，这些是在国内未曾见到的宝贵史料，其中包括关于 18 世纪大运河的纪录片，他们还应允我们将这些难得一见的史料发表在本书中。

在这里，你会觉得每寸土地、每个角落都充满了学术与科学的影子。前来参观剑桥大学的皇家学院的客人们，穿过绿茵与大教堂，来到徐志摩花园。草地上有块石碑，上面刻着：

轻轻的我走了，正如我轻轻的来。我挥一挥衣袖，不带走一片云彩。

——徐志摩《再别康桥》诗句

运河总是会孕育出与中国文化有着千丝万缕关系的人物与故事，徐志摩就出生在京杭运河边的小镇——硖石镇。他的经历充满了爱情的传奇色彩。他 14 岁时到杭州念书，1921 年来到英国剑桥大学深造。他在这里学习时，绝不会想到在近一个世纪后，从家乡运河边来的艺术家们，会在他曾居住过的那幢黄色的小楼前，见到斜阳射在了那窗里，仿佛还能听见他在窗里喃喃地念道：走着走着，就散了，回忆都淡了；看着看着，就累了，星光也暗了；听着听着，就醒了，开始埋怨了；回头发现，你不见了，突然我乱了。

剑桥大学李约瑟研究所坐落在离皇家学院不远的一片茂盛的树林中，研究所的现任所长是梅建军教授，他和研究所东亚科学史图书馆莫弗特（Moffett）馆长，早早站在门前迎接客人们。梅先生原来是北京科技大学教授，辞职后来到这里。他 50 多岁模样，微胖，但显得很精神，也很健谈。

研究所门外矗立着李约瑟先生的青铜胸像，老人家用一种惊奇的眼神看着来自中国的艺术家，似乎在说：别以为在一部剧的创作中就能解开我的谜题。

在参观访问前，我们先到了李约瑟先生的墓前瞻仰。李约瑟就安息在研究所门前一棵茂盛的菩提树下，这是根据他生前的意愿安排的。可能他是想，到了天国后仍要继续他的研究。

陪伴在他身边的是他的两位夫人，前一位夫人德萝西·莫耳（Dorothy Moyle）也是生物学科学家，她去世时，李约瑟先生也已经 80 多岁了。之后，他与助手鲁桂珍结婚。一年多后，鲁桂珍也撒手人寰，而李约瑟不久也与世长辞了。

导演久久地站在他的像前，若有所思；伫立许久后，朝着先生深深地三鞠躬。

事实上，这意味着《遇见大运河》的创作，开始朝着光辉的顶点攀登，这已经不仅仅是在创作一部剧，而是在探索中国历史文化发展的脉络中，那些鲜为人知的秘密。

莫弗特馆长是英国人，50 多岁，是汉学专家，幽默而健谈，他非常耐心地引导客人们参观了研究所，参观过程安排得非常巧妙，可以使你对学术界争论的 " 李约瑟之谜 " 的真伪，有一个肯定的回答。至今，仍然有一部分意见认为，李约瑟对中国科技史的研究，没有从中国文化的大背景与发展历程中去探寻答案，参观结束后，你肯定不会再这么认为了。

梅建军先生是研究中国科技史的专家，在中国文化研究方面造诣也很深。他说：真没想到你们艺术家竟会对 " 李约瑟之谜 " 感兴趣，还在创作中把中国大运河的命运与此联系起来。研究所接待过来自不同国家的学者与科学家，但接待艺术家还是第一次。他的语气中充满了好奇。

李约瑟先生在其编著的《中国科学技术史》中正式提出了著名的"李约瑟之谜"：如果我的中国朋友们在智力上和我完全一样，那为什么像伽利略、托里查利、斯蒂文、牛顿这样的伟大人物都是欧洲人，而不是中国人或印度人呢？为什么近代科学和科学革命只产生在欧洲呢？为什么直到中世纪中国还比欧洲先进，后来却会让欧洲人超越了，怎么会产生这样的转变呢？中国是当时世界科技最发达、繁荣的国家之一，而欧洲则刚刚经历了一千年宗教的黑暗时期，很多古希腊、古罗马先贤的思想、学说都已经在中世纪被人们遗忘。在这样的情况下，近现代科学却在西方萌芽，而不是在中国。

梅建军先生在介绍李约瑟与东西方的科技史时，如数家珍，娓娓道来。他说：所谓的"李约瑟之谜"，也就是为什么近代科学产生于欧洲，而不是中国。这个问题挺能让人产生联想的，具有启发意义。其实这个问题并不是李约瑟本人提出来的，中国的学者早就开始思考这个问题了。由于落后，中国人自己在很长一段时间都不知道自己还有那么先进的一段文明历史，没有那种自信。

当李约瑟开始关心这个问题的时候，已经有一些学者在讨论这方面的问题了，作为西方学者，他感觉到这是一个很有挑战性的问题。在当时，马克思主义在全世界范围内兴起，马克思主义者们一直在思考科学与技术的社会功能方面的意义，所以科学技术在当代产生了怎样的作用这个话题也受到了关注。

李约瑟有一个著名的观点，就是"百川归海"：世界文明从各个地区发源并互相交流融合的过程就像小溪流入大河、大河流入大海一样。人类的所有文明最终就是要建立一个大同世界。而且，他认为中国文化里包含了一些因素，这些因素指明了人类文明的发展方向。这是李约瑟最大的贡献，他证明了人类的文明是联结在一起的：中国对世界有贡献，而世界也深深影响了中国。在当时他身处的那个特定的时代，20 世纪科技文明正蒸蒸日上。

现在我们都知道科学会产生很多副作用，但这不是科学本身产生的副作用，而是人类，使科学产生了很多副作用。李约瑟要证明，真正能把人类融合在一起的东西，是科学、艺术、文化，而不是政治。从这种观点看，他有时候是有点幼稚的。

在谈到中国科技文明对世界科技进程的影响时，梅先生还引用了我国哲学大师宗白华先生曾经说过的话：我们有两大发明，火药同指南针。这两项发明到了西洋人手里，成就了他们控制世界的权力，陆上霸权与海上霸权，中国自己倒成了这霸权的牺牲品。我们发明火药，用来创造奇巧美丽的烟火和鞭炮，使一般民众在一年劳苦之后，可以在新年及春节休息的时候，享受平民式的欢乐。我们发明指南针，并不曾向海上攫取霸权，却让风水先生勘定我们庙堂、居宅及坟墓的地位和方向，使我们能够选择优美适当的自然环境，完善生活中顶重要的 " 住 "，" 居之安而资之深 "。那么，这种思维方式与对待生活的态度，难道就是我国古代科技逐渐衰落、现代科技的萌芽没有出现在中国的原因吗？

中国大运河奔流了两千多年。在亲近它的时候，我们不难发现，它的文化发展走向正如宇宙旋律与节奏的变化。纵观我国历史，周朝 " 礼 "" 乐 " 建立后，又经孔孟及后学的传承与弘扬，形成了中国文化的基石。从 " 百家争鸣 " 到 " 独尊儒术 "， 从 " 魏晋风流 " 到 " 程朱理学 "；从明朝的复古运动，到明后期的个性张扬；直到清末民初，西学东进和 " 五四运动 "，使我们开始把西方的文化思潮与科技引入到我们这个

曾经的 " 天朝上国 " 的思考范畴中。这如同音乐旋律般的起伏，是否与 " 李约瑟之谜 " 有必然的关联？

在中国古代，科技也曾达到过世界领先的水平，封建统治者为实现思想专制、维护政治稳定，大力宣扬 " 天 " 的至高无上的地位，所以天文学一度受到很高的礼遇。 由于数学与天文学的内容密切相关，天文学的发展带动了数学的进步，许多中国古代科学家同时兼有天文学家与数学家的双重身份，如东汉时的张衡、南北朝时的祖冲之等人。于是中国的天文学、数学、建筑学等，在某一阶段得到封建统治者重视，具备了古代中国科技文明的发展条件。在这一点上，中国科技文明与西方文明的核心 ——" 数学化 " 是非常相似的。

而这一时期恰是中国大运河开凿与使用的黄金时期，在运河设计开凿中的多项科技发明，也大都是在这些时期出现的。

中国的科技文明虽然对世界近代文明和科学发展有着巨大的贡献，但在中国，它存在的意义和价值也只是为封建统治所需要。因为没有从理论上进行系统的总结，所以中国古代科技文明已取得的杰出成也就未能被继承下来，中国的科学技术也未发生突飞猛进的变化，而这些发明在西方，却成了征服世界的科学利器。

在李约瑟看来，中国传统的文化使得中华民族很早就发现了宇宙旋律及生命节奏的秘密，以和平的心境与音乐来爱护现实，美化现实，因而轻视了科学工艺征服自然的能力。这使我们长期无法摆脱贫弱的地位，因而在生存竞争激烈的时代，受人侵略，受人欺侮。这个时候，文化的精神也不能成长了，于是，灵魂变得粗野了，卑鄙了，怯懦了；我们也现实得不近情理了。我们丧失了生活里旋律的美，变得盲动而无秩序；也没有了音乐的境界，人与人之间充满了猜忌、斗争。

由此可见，中国人是以＂和平的心境＂与＂音乐＂来发现宇宙的秘密，而西方民族则是通过数学化长期系统地来探寻宇宙的奥秘，这就形成了不同的文化思想发展方向与文化的核心内容。这是否与“李约瑟之谜”以及大运河的兴衰有关呢？

重要的是，在偌大的地理与历史时空中，我们可以看到，中国大运河的兴衰，对比世界其他著名大运河开凿历史的时间曲线，竟然与＂李约瑟之谜＂所提出的旷世之问会如此的一致。

这些中国的艺术家们，在创作过程中，对这个＂谜＂产生了浓厚的兴趣。2012年，在为中国大运河申遗进行舆论宣传而创作这部作品时，在沿运河六省一市主要城市的巡演中，从那些世代生活在运河边的百姓的生活中，从观众发自肺腑的感言中，从困扰了科学界半个多世纪的＂李约瑟之谜＂中，他们意外地发现了＂百川＂与＂大海＂之间的关系，便想以此来厘清中国大运河与＂李约瑟之谜＂之间的这个秘密。

显然，梅所长对这个话题也产生了浓厚的兴趣。他饶有兴趣地说：你们倒使我觉得艺术家们的观点，也可以拓展我们研究的思路，你们的创作能够联系到＂李约瑟之谜＂，这本身就是一个很好的研究课题，我非常想了解你们的创作思想与创作过程。

研究所客厅墙上挂着一副对联：九天滴露高擎掌，十地餐华共听经。好像就是为这场科技与艺术的对话题写的。

这部舞台剧作品的创作理念、表现形式本身，就存在着对民族文化传承的探索。在这部剧中，就是否采用舞蹈剧场的表现形式，曾引起极大争执。对这种舞蹈、诗歌、戏剧和音乐相结合的艺术形式，《乐记・乐象篇》（公孙尼子）中早就有说：＂德者，性之端也；乐者德之华也；金石丝竹，德之器也；诗，言其志也；歌，咏其声也；舞，动其容也，三者本于心，然后乐器从之。是故情深而文明，气盛而化神，和顺积中，而英华发外，唯乐不可以为伪。" 这是对现代舞蹈剧场概念最原始的解读，也是这部舞台剧表现形式的理论根据之一。

我们的祖先对文化与哲学，有领先于世界的发现，并且不断传承，给当今世界留下了一大笔关于文艺理论的宝贵遗产。

舞蹈剧场《遇见大运河》在这场艺术实践的探讨中，对文化遗产会有怎样的新发现呢?

这场由一部剧而导致争论的文化事件，引起了当时国家"运河申请世界文化遗产办公室"的重视。2014 年运河申遗成功后，国家文物局在江苏扬州召开大运河申遗成功的总结大会期间，特别邀请了舞蹈剧场《遇见大运河》演出，并获得了成功，得到与会的国内外观众的高度赞赏。

148
CAN SOMEONE
GET ME A TICKET?!
MORMON
Deptford Bridge
453
LTZ 1165
LTZ 1275

伦敦“大笨钟”

本尼特街北侧的飞鹰酒吧 (The Eagle)

两次获得诺贝尔奖的英国生物化学家弗雷德里克 · 桑格在飞鹰酒吧发现了 DNA 的测序法

剑桥大学校园内刻有《再别康桥》诗句的石碑

徐志摩的“康桥”

李约瑟雕像

李约瑟研究所外景

李约瑟先生骨灰埋在这棵树下

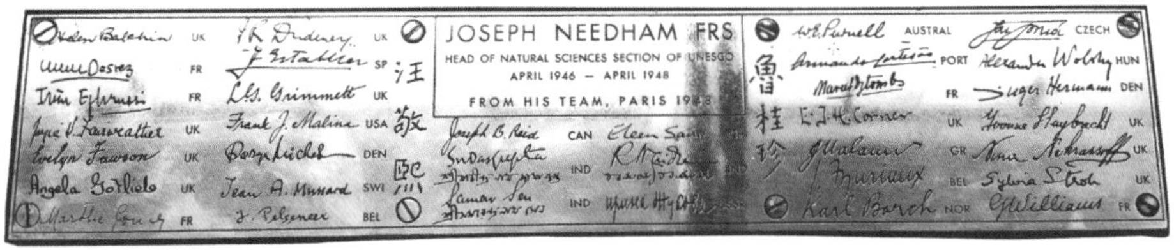

李约瑟先生与两任夫人墓碑

李约瑟研究所内景

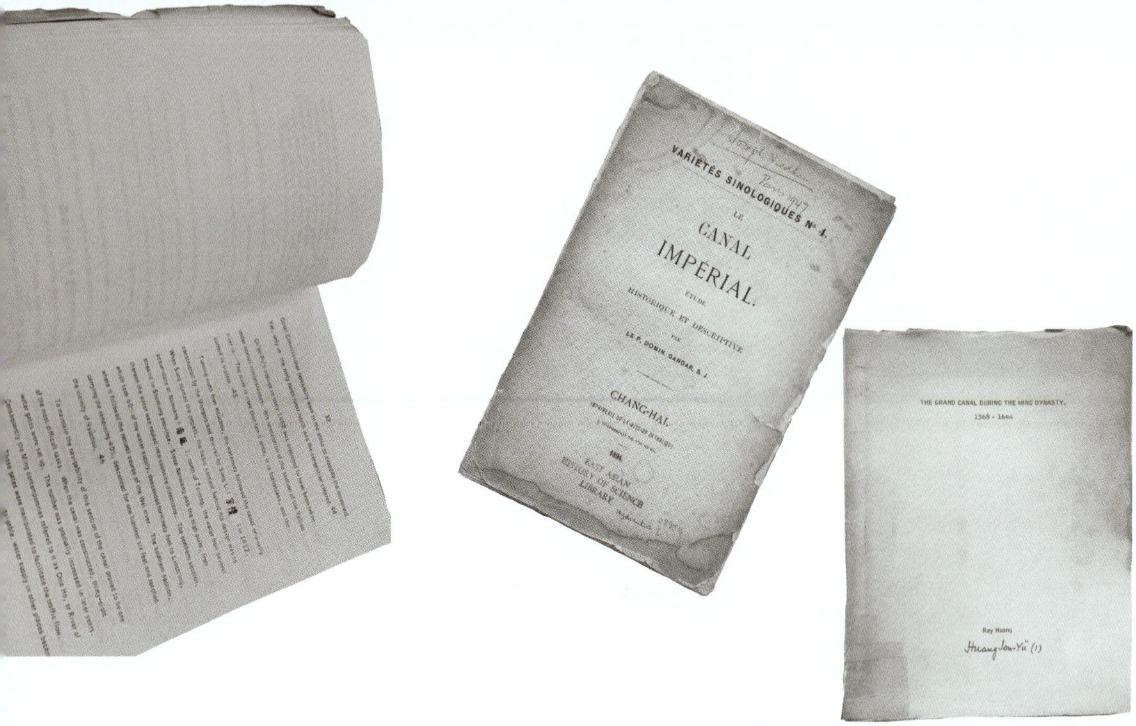

莫弗特馆长为导演介绍有着百年历史的文献藏书

02 运河边两个神秘的城市

扬州是中国大运河沿岸一个很重要的城市，它是古运河的枢纽，经济与文化的繁荣曾显赫一时，而隋炀帝与萧太后的浪漫故事，也是中国历史上的一段传奇。它是隋唐运河与京杭运河的一个节点。在中国历史上，大运河的开凿主要经历了三个历史时期，其中第一个时期是春秋时期。长江以南吴国的君主夫差，为了向北争霸中原，取得军事与经济上的扩张，而开挖运河引长江水北入淮河，作为运输兵力与粮草的主要通道。

这条联系长江与淮河的运河，从扬州至淮安，在当时被称为邗沟，长约 150 公里。这条运河也就是京杭大运河的起源，是大运河最早的一段河道。夫差对这段古运河的开凿，被后人称为 " 中国大运河第一锄 "，运河扬州段也因此而闻名。

运河也使得扬州成了交通要津。唐朝的鉴真和尚东渡日本也是从扬州出发。而从 1684 年到 1784 年的 100 年间，康熙、乾隆帝多次下江南，都经过扬州，并在扬州驻跸。

而在隋代大规模开凿中国大运河的是隋炀帝，这位有争议的历史人物，死后葬在扬州的运河畔，而不是京都洛阳。为探索这里面的传奇故事，后来多少历史学家与考古学家费尽心血，多少文学艺术家绞尽了脑汁。运河不但古老，而且充满传奇。

这位皇帝曾多次亲临塞北边关，在中国历代皇帝中，亲自抵达西北进行视察的，可能只有隋炀帝一人。他在西巡过程中设置西海、河源、鄯善、且末四个郡，打通了丝绸之路，进一步巩固了甘肃、青海、新疆等地，使大西北成为中国不可分割的一部分，从而加强了中原与西方各国的联系与交往。为炫耀中华盛世，隋炀帝在丝绸之路上还曾举办过"万国博览会"。当时的游客及车马绵延长达数十里，场景非常壮观。

《隋书》中记载了隋炀帝在西巡时所作的诗篇《饮马长城窟行》，这首诗通篇气场强大，颇有魏武之风，后代文人对他诗篇的评价极高。

隋代开凿运河究竟死伤多少民工，确切数字很难得出结论了，只能根据晚唐文人韩偓（842—923）撰写的小说《开河记》中的描写去窥见当时开河民工的悲惨生活。故事中的隋炀帝征召 15 岁至 50 岁男子 550 万人，由 5 万名监工监督劳动，在开凿运河中，死伤达 200 万人以上。

隋代运河开凿后，黄河流域的王朝开始将权力与文化中心逐渐向东部转移，逐步形成运河延续至今的多地域文化交流的特殊功能。

虽然运河在秦、汉、魏、晋和南北朝又陆续延伸了河道，但大规模的开凿是在隋朝。公元 6 世纪末到 7 世纪初，这条运河成为古今中外最长的运河，贯穿了钱塘江、长江、淮河、黄河、海河五大水系，对加强国家的统一，尤其是对于促进南北文化的交流起到了极其重要的作用。

可见，将大运河评价为中华民族文化交融与发展的中流砥柱也是不为过的，她对于促进一千多年来，尤其是元代以前的文化发展起到了极其重要的作用。

运河文化最早可以追溯到春秋时期，距今已有 2500 年的历史。公元前486年，吴王夫差开通了连接长江和淮河的运河，并修筑了邗城，运河及运河文化由此衍生。到了魏晋南北朝时期，已整修或开凿的一大批漕渠，决定了后来的运河南北走向。

值得注意的是，春秋战国时期，中国古代"诸子百家"的学术思想，也达到了登峰造极的境界。他们的代表著作如《论语》《孟子》《荀子》《道德经》《庄子》《列子》等，对后世影响极大，基本决定了华夏文化发展的方向。

而与"中国大运河第一锄"同期，欧洲人修筑了雅典的帕台浓神庙，柏拉图、亚里士多德、苏格拉底等人的学说同样影响了欧洲文化与哲学思想的形成与发展方向。就如亚里士多德来说，他的著作主要有《工具论》《形而上学》《物理学》《尼各马可伦理学》《政治学》《诗学》等。他的思想对人类产生了深远的影响。他创立了形式逻辑学，丰富和发展了哲学的各个分支学科，对科学做出了巨大的贡献。文化发展的脚步，同样决定了一个民族科学技术的发展进程。

由此可见，中国文化发展的核心更侧重于对社会、政治、文学、艺术的探索与解读，而西方文化则往往以数学、物理、天文学等可量化的学科作为研究的核心。两种文化不同的发展方向，决定了不同民族文明的脚步。

如果想要将东西方两种文化进行对比，应该去一下洛阳，那里是隋朝的政治文化中心之一，也是最早的古运河的中心。

在那座古城，让人对其历史底蕴印象最深的，不是在博物馆，不是在龙门石窟，也不是在运河古道的洛河边，而是在洛阳城中一处毫不起眼的地方——隋代开凿的国家最大粮库——含嘉仓。

现在要找含嘉仓实在不易，它悄无声息地藏在一条小巷中，连许多洛阳的出租车司机都不知此地，艺术家们询问了几位老人才找到。看来这座古迹即使在洛阳，也已鲜有人知了。

这座当年的皇家粮仓，历经隋、唐、北宋3个王朝，沿用500余年，东西长612米，南北宽710米，总面积43万平方米，共有圆形仓窖500多个，被称为中国古代最大的粮仓。如今，却早已没有了昔日的辉煌。地面上已被京广铁路线覆盖，艺术家们最后在铁路边的一条小巷中找到了它。在一扇铁门前立着块黑色石碑，上面注明其为国家级文物保护单位。

隔着那扇铁门的栏杆，见到里面只有一位50多岁、面庞黝黑的中年人，独坐在那儿制作根雕。

找到了含嘉仓，导演掩饰不住激动，急切地打招呼：师傅，能让我们进来参观一下吗？

不行！回答极干脆而且冷淡。

师傅，那能借洗手间用一下吗？导演的助理，一位清秀的女孩季文静细声细气、怯生生地问了一声。

那位师傅抬头冷眼看着他们说：文保单位不对外。他的眼神是在说，跟我耍什么小心眼，哼！

导演放慢语速，似乎有些恳求的语气：我们是为大运河专程从杭州赶来的。

还是导演的真诚打动了他，师傅慢慢起身打开了铁门说：洗手间在右边。

进大门后，见到有一座大屋子关着门，导演悄悄上前趴在窗台上往里一瞅，惊叫一声：含嘉仓！

她这一嗓子，吓得大家面面相觑，怕那位师傅听见了，会把他们赶出去。

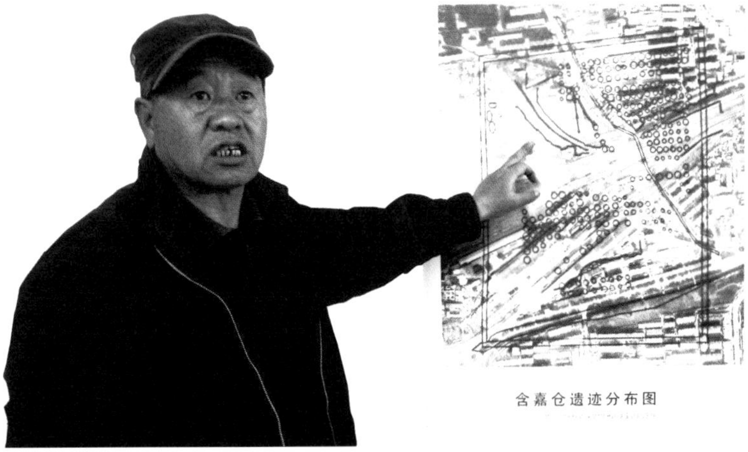

含嘉仓遗迹分布图

含嘉仓的守仓人张永生

但出乎意料，师傅就像没听见，仍埋头干着他的活，只是瓮声瓮气地说了声：门没关。

这使一行人大感意外，便蹑手蹑脚地推开那扇神秘的大门。里面呈现的是一个巨大的地坑，直径就有七八米，坑深有十多米。地坑是石质的，已呈黄黑色，顿时使人产生了穿越历史的感觉，仿佛听到当年开凿这巨大粮仓时，石匠们手中火花四溅的钢钎发出的"叮当、叮当"的撞击声。

大家心神未定，暗暗在猜想这里能放多少粮食。这时师傅进来了，声音极洪亮：现在只发掘了这一个仓，这一片的地下总共有500个之多。当年由运河从南方运来的粮食都储存在这里，光这个仓就能装1万石粮。这一片粮仓最多时可以储存500多万石粮食。

他不知不觉竟当起了讲解员，从神情上看与刚才判若两人：我们洛阳古代称雒阳、豫州，位处河南西部、黄河中游，因地处洛河之阳而得名，先后有105位帝王在此定鼎九州。洛阳是华夏文明与中华民族的发祥地之一，是隋唐大运河的重要枢纽。中华民族最早的历史文献《河图》《洛书》就出自洛阳。被奉为"人文之祖"的伏羲氏，根据《河图》和《洛书》画成了八卦和九畴。从此，周公"制礼作乐"，孔子入周问礼，班固在这里写出了中国第一部断代史《汉书》，司马光在这里完成了历史巨著《资治通鉴》，程颐、程颢在这里发展宋代理学，著名的"建安七子""竹林七贤""金谷二十四友"也都曾云集此地，谱写华彩篇章。左思一篇《三都赋》，曾使"洛阳纸贵"，张衡发明地动仪，蔡伦造纸，马钧发明翻车……以洛阳为中心的河洛文化，是中华民族文化的核心和源头，构成了华夏文明的重要组成部分。

绝看不出这位普通的中年人竟如此博学，从他滔滔不绝的话里，不但能听出他对洛阳及含嘉仓的历史沿革了如指掌，而且充满了感情。他说他从十八九岁开始工作，任务就是守护这里。一转眼几十年过去了，年复一年地伴随着含嘉仓，今年快60了。他对洛阳以及含嘉仓的讲解，其实也是在讲述他独自守护在这里几十年来的经历。

在他的心里，含嘉仓恐怕已经不是一座冰凉的石质建筑，而是一部有血有肉的历史。他把大半辈子都给了这能够记载历史的"怪物"，一个人默默地守护着中华民族历史重要的见证。

大家都夸他讲解得好，他涨红了脸说，一个人守在这里，已经记不清有多少次默默地把含嘉仓的历史讲给自己听了。

难怪，他释放了梗在胸口的无数次孤独的心跳后，眼神变得像儿童般清亮了。

离别时，师傅看着这些艺术家，微笑着再三说道：这里不对外开放，但你们是为了运河而来，我欢迎你们再来。

从他朴实而热情的话语中，艺术家们感到了一种感动与震撼，他们被大运河与含嘉仓的伟大工程所震撼，更为这位朴素的民族文化的守望者而感动。

导演请他过两天到洛阳剧院看《遇见大运河》的演出。

演出那天不巧下起鹅毛大雪，观众都是披着厚厚的雪花赶来的，其中还有从附近的县城赶来的观众。天气虽寒冷，但剧场里暖融融的。

导演一直守候在寒冷的剧场外，身上披上了一层洁白的落雪。她左顾右盼，在等候那位守护含嘉仓的师傅，非常希望他能够看到这部作品。也许是导演在现实中找到了她塑造的舞台形象，她与这位运河守护者的情感已经融合在一起了。

毫无疑问，那位含嘉仓守护者对运河的深情，引起了他们之间对民族文化认同的共鸣。但很遗憾，直到演出结束的音乐响起，也没有见到他的身影，这可能也成了导演心中的一个 " 谜 "。

这位传统文化的守望者，在历史长河中，充其量只是一滴水，但正是这些 " 小人物 " 们以一滴水的力量，在推动历史大船的前进。

《遇见大运河》就是以这一滴水的命运贯穿全剧，编导要表达的是，水的变化可以改变人的命运，改变人的生活形态，甚至也可以毁掉整个世界。

在创作《遇见大运河》的过程中，在艺术家的眼里，开凿运河的铁锄落地的那一刹那，一位民工的故事，河面上初升的太阳，河水中的一朵浪花，夜晚运河边孤独的渔灯，映照在静夜河中的月光……它们都是运河波涛中的一滴水。艺术家们从运河水中精挑细选，想要创造出震撼人心的艺术形象来。

宝带桥　吴江古纤道

运河边的百姓人家

含嘉仓遗址

回洛仓 46 号仓窖遗址

《遇见大运河》剧组开启中国大运河巡演第一站：扬州京杭大运河古邗沟故道

03 古运河边的"傻婆"

《遇见大运河》就是在赞颂中华大地的美丽，就是为了传承运河文化，就是为了竭力保护我们赖以生存的环境。这部剧告诉我们，优秀文化的灿烂终将战胜腐朽与黑暗，大运河的明天如同永恒的太阳一般光辉璀璨。艺术家们想把他们创作的努力，以及这部剧也化作一滴水，融入运河的历史文化中去。

以洛阳为中心的古运河，在元代迁都北京、开通了京杭大运河之后就逐步开始衰败了，她的大部分河道逐渐被历史风云所湮没。难能可贵的是，在安徽宿州泗县还保留了一小段隋唐大运河的活水，它的唯一性使人感到非常激动。因为活水就意味着有鲜活的生命存在，这是历史的延续。

这些艺术家们特地策划了一场在那古运河活水边与世代居住在那里的村民们共同进行的大型行为艺术——《守望》。

村子离宿州城还有 95 公里，队伍一大早就出发了，虽一路颠簸，但大家心情极佳，都想一睹隋唐大运河的风采，因为它的历史实在太悠久了。

可现场却让人大失所望，古运河还剩两三米宽，水很浅，有些地方几近干涸。大家心目中一位风姿绰约的“美女”，瞬间变成眼前这位风烛残年的“老妪”。

正是这引起大家巨大心理反差的景象，却在他们眼前展现出运河两千多年的风雨变迁。在河边漫步的村民们，都用疑惑的眼神打量着这群远道而来的陌生人。看得出来，这段快要干涸的古运河早已被外面的世界遗忘了。

在河边广阔的麦地中，艺术家们扯起一根千米长的红绳，剧组所有的演职人员，与村干部以及几十位当地的村民们，间隔着牵住那根绳子。人们在手中五颜六色的卡纸上，写上了对运河、对生活、对爱情、对财富、对生命的祈祷与祝愿，然后把这些对生命与民族文化的寄语，拴在了那根沿着古运河一直伸向远方的红绳上。

这种特殊而感人的场面，使在一边看热闹的村民们，情不自禁地加入进来。在古运河边，逐渐形成了一幅极其壮观的画面：一根红绳伴随着一条望不到头的队伍，浩浩荡荡地沿着古运河一直向远处蜿蜒着延伸出去，好像在跨越时空，连接未来。

村民们从未见过这样的场景，从没有想象过会有人把世世代代伴随他们的运河，打扮得如此美丽。他们每张脸庞上的表情，都从迷茫变得开朗继而微笑。虽然此时队伍中的人们的联想也许并不一致，但他们都能感觉到河边有一阵阵暖风吹来，人们心里也都升腾起一种莫名的自豪感。

队伍中有孩子、妇女、汉子、老人，还有一位 80 多岁、眼角带着笑意的老奶奶，老人努力站在队伍中间。

导演凝望着那不断在延伸的队伍，双眼噙泪，面带微笑，感到了一阵轻松。此时，她心中的运河女神已经在古运河的水中冉冉升起了。

导演过去搀着老人，紧跟着人流，伴着古运河的水不断地延伸、延伸……他们都是运河文化的传承者与捍卫者。

早年，曾有人要把干涸的河道填了建房，村里几十号男女老少躺在泥泞的河道中阻止了他们。这些祖祖辈辈生活在运河边的人们，以最无奈的方式维护了他们对运河的情感。对于现在的运河，村民只觉得河就如自己家里的一件家具，曾给过他们温暖、回忆、思念。要夺去是万万不行的，可放在家里又不知该如何保护她。

村民们由此又说起了在这河边曾发生过的一个感人故事：村里曾住着一位中年妇女，平时有点疯疯癫癫的，村里的人都叫她 " 傻婆 "。她年轻时不知是从哪里来的，到这村里也已有几十年了。她平时很少与人往来，靠捡垃圾、拾破烂为生。她的半边脸可能是很久前由于火灾烧变了形，有一只手掌也被火烧残废了，但还是看得出她年轻时一定很漂亮。与她做伴的是一只神气十足的大花公鸡，经常可以见到它紧紧地跟在她后面四处游荡。但每天黄昏，傻婆定是要到运河边洗净了脸才回家去，春夏秋冬都是如此。

附近的孩子看见她总是躲得远远的，家里大人见孩子不听话时就吓唬他：把你送到傻婆那里去。

有一年冬天，下着大雪，她在河边的槐树下洗脸时，捡到了个奄奄一息的女婴，白白净净的，身上包着一块漂亮时髦的花布，一看就知道是城里人偷偷放这儿的。

她把孩子养到一岁时才知道她是个脑瘫儿，傻婆拿着靠微薄收入积攒的3万块钱带孩子到宿州的大医院。医生告诉她这是没有药治的病，好心的人也劝她把孩子送去孤儿院吧。她却使劲地摇头，还请算卦的人给孩子取了个名叫 " 雪儿 "。

从此以后，无论刮风下雨，每天早上她都背着孩子出门，日复一日，年复一年，也渐渐把孩子拉扯大了。后来，她在出门前，都会用一个她亲手改制过的盆，准备好雪儿中午的饭，然后独自推着一辆破车，沿着运河附近拾破烂。无论多晚回来，她都会带着孩子在运河边洗净了脸回家，即使是严寒的冬天，她也会破冰取水，把自己和孩子洗得干干净净的。

就在雪儿 8 岁那年，傻婆真 " 疯了 "。

那天晚上，各家的灯早都亮了，运河上升起茫茫水雾，傻婆像往常那样，把破烂卖掉，拖着疲惫的身体回家。

当她推开家门时，忽然听见从屋里的黑暗中传出含糊不清、断断续续的声音：妈妈，祝——你生——日——快乐！从未开口说话的雪儿说话了，这把傻婆吓得两眼直瞪，浑身哆嗦。

傻婆早上出门时，浸泡在木盆里的衣服已经被洗得干干净净，整齐地放在了盆里。这是雪儿送给母亲的生日礼物啊。对于脑瘫的孩子来说，这简直就是生命的奇迹。

顿时，傻婆的脸庞上流出两行浑浊的泪水，平时扭曲的脸也露出了从未有过的母性的温柔。

她蹲下身子紧紧把孩子抱在怀里放声大哭起来：大河啊，你给了俺一个好娃啊！那有些瘆人的哭喊声传出屋来，久久地在冬日的运河边飘荡。

雪儿一定是在人口普查时记住了傻婆的生日。

那天晚上，傻婆家静得出奇。第二天一早，人们看见六十几岁的傻婆扎着红头绳，穿着一身新娘的红衣红裤，看得出这套衣裤做好后已经放了很久很久。傻婆背着女孩沿着运河边一路走着，用出人意料的歌喉，深情地唱道：一条大河波浪宽，风吹稻花香两岸……那优美的嗓音，让所有人都对傻婆刮目相看。

村里迷信的老人相互窃窃私语，硬说是运河水治好了她们娘俩的病。

那只大花公鸡跟在她后面，还神气地四处张望看着左邻右舍。

在凛冽的寒风中，街坊邻居们都出来默默地看着她们。傻婆背上的孩子，摸着她的红衣服，竟然口齿清晰地说：妈妈，你唱的歌真好听！

这在古运河边发生的故事，令人联想到的也许就是《遇见大运河》中创作者想表达的"遗忘"。现在的人们，感兴趣的是运河对于生活的现实作用，渐渐地已经不会再去追溯运河的历史与先辈们的经历。就如村里人，可以捍卫属于自己的东西，但不会去探究那来历不明的傻婆的身世，因为这一切与他们眼前的日子并没有什么关系。

经过一代又一代，"遗忘"逐渐使运河中最灿烂的文化渐渐失去了光彩。人们都忘记了远离现实生活中的那些东西，但那却往往是来自天国的使者、绚丽朝阳的报信人，它们蕴藏着美好的未来与希望。人活在现实中，不能遗忘过去，而要享受今天，更要预见未来。

大家听完这个故事，默默地说不出话来，突然悟道：原来傻婆一点都不傻！她的善良就如古运河当年清澈的水一样，能载千舟万舸；她的歌声就如运河的浪花一般，在诉说运河的千年传奇经历。

导演一直紧紧握着讲述者的手，她也是女人，此时，显然是运河把她们的心灵交融在了一起。这种情感，一定会在她的剧中遇见的。

这古运河边的村民们，参与了这场浩浩荡荡的行为艺术《守望》，一定会把它当成生活中一种全新的体验。久而久之，这还可能会成为一个如傻婆一样的传奇故事，但不管怎样，这在他们的生活中，还是增添了一抹关于运河的亮色。或许，对这已经衰落的古运河，他们会用一种新的视角去窥视她。

英国 19 世纪伟大的诗人华兹华斯曾说：一朵微小的花对于我可以唤起不能用眼泪表达出的那样深沉的思想。《遇见大运河》的创作者们，善于从运河这些真实的小故事中，寻找到人性中的光彩。剧中人物一个张嘴呐喊、强烈苦痛的神情，一个扭曲无助的姿态，都让人感到一种强烈的震撼。从细微处去刻画人物的心灵世界，并具有一种哲学的思辨，是这部剧的特点之一。

傻婆唱的是 50 年代非常流行的歌曲，电影《上甘岭》的主题曲《我的祖国》，词作者是著名作家乔羽老先生。他是济宁人，也是在运河边长大的，也许这首歌词中所描绘的景象，就是他记忆中的运河两岸。这首歌曲影响了一代人，可谓是中国歌曲中的经典。

乔羽先生有 " 词坛泰斗 " 之称，他出生于 1927 年，原名乔庆宝。他著有电影文学剧本《刘三姐》《红孩子》，歌词《我的祖国》《牡丹之歌》《人说山西好风光》《让我们荡起双桨》《心中的玫瑰》《难忘今宵》《思念》《说聊斋》《巫山神女》《夕阳红》《爱我中华》《祖国颂》等，这些作品都广泛流传，成为人们传唱的经典之作。

艺术家们原定要上门拜访这位大运河的儿子，但就在临行前，老人的女儿电告，乔羽先生身体小恙，只能以笔代言了：

我已九十有余了，老了，却会常常回忆童年。小时候就住在运河边，那时，大运河上来往船只特别多，非常壮观。有运煤的，有运粮的，各式各样的船只。船过闸的时候，两边的船舷与船闸离得特别近，照样能顺利通过。那时候船工的技术很高。晚上，大运河特别安静。

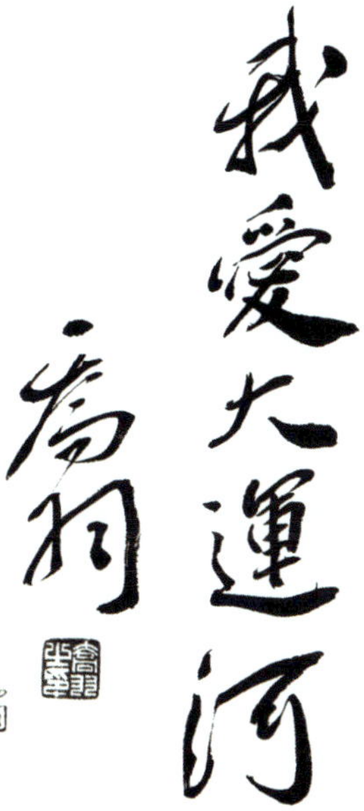

词作家、剧作家乔羽先生
以此表达对运河的感情

我和小伙伴们经常去放荷花灯。那些灯啊，漂在水面上特别漂亮。据说，荷花灯是用来追忆亡灵的。但我们小，不懂这个，只觉得好看，好玩，倒是寄托了儿时的梦想。所以，晚上的运河很神秘，静谧。不知道现在是否还有人在河里放荷花灯。

儿时的记忆会跟着你一辈子，那在河水中嬉戏的情景、岸边泥土的芳香……经历越坎坷，这种抹不去的念想越强烈。我在创作《我的祖国》这首歌时，沙蒙先生问我，这一条大河写成长江多好。我想，长江的确是中国最长的一条江，居住在两岸的人口也很多，但与全国相比仍是少数。譬如我吧，是个北方土包子，见过黄河，没见过长江。那次去江西才第一次见到它，印象之强烈，引发我写出这首歌。但这只是一种引发，不能替代别人的亲身感受，用"一条大河"就不同了，无论你出生在何地，家中门前只要有一条河，即使是一条很小的河流，但在幼小的心灵中，也是一条大河。无论将来你走到哪里，这一切都会浮现在眼前。所以，我觉得还是用"一条大河"为好。当时，请刘炽作曲，换了几位歌手，最后请郭兰英演唱。半个世纪都过去了，可回想起来，就像在昨天，我家就在岸上住。

乔羽先生之女乔国子
手绘父亲肖像

现在似乎很难得听见这首歌了，它好像渐渐被人们遗忘了，年轻人更不知道这首歌曲存在的意义。等乔羽先生身体康复后，导演再次登门拜访。老人听了那些发生在运河边感人的故事；听了这部剧的导演的构思与主题……突然，老人家转过身对着照相机，伸出大拇指摆了个年轻人的“pose”。

我们的评论家恐怕没有很好地总结这些中国经典歌曲的特点与历史地位。反而是许多中国的古典音乐与歌曲，往往还能成为当今舞台上表演的内容。这得益于我国古代的文艺理论家们，他们总结了当时的艺术创作，把中国民族文化中不朽的文艺作品以及创作经验告诉了我们、告诉了世界。我国最早的体系严密的文学理论著作南朝刘勰的《文心雕龙》，最早的美术理论著作南朝谢赫的《古画品录》，最早的音乐理论著作战国时期公孙尼子的《乐记》，这几百部举世闻名的文艺理论经典著作，至今仍影响着世界文艺发展的进程。而我们当今的文艺理论，又诞生了多少能够影响世界的传世之作呢？这么看来，人们逐渐遗忘了那些现代及当代经典的艺术作品，就成为毫不奇怪的憾事了。当然，古运河边的那位傻婆的故事，就更没有人去分析研究她的来龙去脉了。

历史告诉我们，凡是没有理论支撑的科学或艺术，都是会被历史所湮没的。" 李约瑟之谜 " 提出的问题，显然也是与此相关的。

中国传统文化中，那种 " 知其然而不知其所以然 " 的传统，其实也被传承至今。梁启超先生在他的《论小说与群治之关系》中，早就指出过：" 无论为哀为乐，为怨为怒，为恋为骇，为忧为惭，常若知其然而不知其所以然。"

就如现在社会上的 " 唯收视率（票房）"" 迎合观众 "" 消费历史 "" 视听奇观 "" 躲避崇高 "" 惧怕高雅 " 等文化现象，已经现实得不近情理，淡忘了中国文化的美丽精神，使人们的灵魂粗野了、卑鄙了、怯懦了。

这种对民族文化精神的 " 遗忘 " 现实得不近情理，与 " 李约瑟之谜 " 中提到的问题肯定有着必然的联系。

《遇见大运河》的创作者们，显然是想在文艺创作中树立民族文化的旗帜，想要把运河文化中那些由历史积淀的遗产总结出来，渗透到人们的思想中去。这就不难理解为什么他们除了在舞台上宣传运河文化的古往今来，还要在巡演过程中以不同形式深入到生活中去，并创作相关的行为艺术。甚至在排练过程中，艺术家们也会邀请社会各界人士进排练厅与演员们一起讲述 " 水的故事 "，他们以各种形式为年轻一代的进步指明方向。

中国大运河的开凿，从技术方面论，无论是铁器的运用、控制水位的堰闸的发明，还是船舶制造、分水枢纽的设计等，在当时都是领先于世界的。但这些发明及运用，除了解决当时在开凿运河中所遇到的实际问题外，并没有在科学技术的基础上进行总结与理论研究，仅仅是解决了 " 术 " 的问题，而没解决 " 义 " 的存在，即理论研究。

有了这样的发现，其实离李约瑟与大运河之谜的答案又近了一步。

隋唐大运河通济渠宿州泗县段的 28 公里水道

隋唐大运河活态遗址

安徽 宿州 泗县“万米红线 守护运河”的行为艺术

导演与 82 岁的陈绍兰奶奶

参加运河行为艺术的小朋友

泗县十里井的村书记秦道忠

To Meet the
Grand Canal

To Meet the Grand Canal

Hangzhou Opera
And
Dance Drama

2015年6月26日，祭奠治理大运河功臣宋公、白公权

04 运河水脊上的祭祀

由于大运河是南北走向，所以就需要克服地理环境所造成的水的流向问题。这里要提到我国古代水利工程的杰作——山东省济宁市汶上县南旺镇运河南北枢纽分水工程。这里是京杭运河海拔最高点，被称为"水脊"，这里的枢纽分水工程充分闪烁着古代先祖们的智慧。

南旺作为大运河的"水脊"，河道早已干涸，但河道的规模依然清晰可见。站在岸边遥望无尽的河道，你会敬佩600多年前的那位朝廷工部尚书宋礼，为解决运河畅通的难题不耻下问，虚心吸取了当地的民间水利专家白英的建议，利用汶河与灌河，仅以15万6千个劳动力，耗时200天就完成了分水枢纽工程。从此南旺也逐渐成为繁华的码头，有戏台、饭铺、茶楼，甚至妓院，当地人还建了龙王庙。

虽然现在已不见当年的繁华，但残存的白公祠、宋公祠遗址建筑，与《宋尚书祠堂记》、明万历十六年《圣旨碑》《汶邑南旺镇分水龙王庙记》等20多块明清重要碑刻，却仍能让人们依稀体验到这里昔日的风采。

当这帮不知"天高地厚"的艺术家们一路辗转来到济宁，置身在这运河"水脊"时，望着蜿蜒消失在远处的古运河，大家思绪万千。河水虽已干涸，却仿佛还能嗅到河道中河水的清香。

眼前繁华已逝，这里只是一个人烟稀少、树木繁茂、幽静而美丽的地方。这里虽然建了一座具有相当规模的运河分水博物馆，但却是一座人迹罕至的建筑物。

文化的萧条自然会使人联想起大运河衰败的原因，当然，也会联想到 " 李约瑟之谜 "。

置身此处，仿佛能看见和听见当年宋礼、白英修理运河时叱咤风云的音容，感觉到他们随着运河的波涛搏动的心跳，这时，崇敬之情油然而生。

激动万分的艺术家们向县里提出，准备率全体演职员与宋礼、白英的后人们就地举行一次祭奠先祖的仪式，以传承开凿运河先辈们的智慧，弘扬他们为民族文化所做出的功勋。

但两天过去了，杳无音信。县里迟迟不见动静。左顾右盼等来的却是这样的回复：目前不宜搞此类活动。

济宁市文化局局长与宣传部部长反倒是开明、有见地的领导，他们得知消息后，当即拍板将工作布置下去。

那天一早，这部剧的顾问，也是北京市政协副主席、著名剧作家、北京人民艺术剧院的原院长张和平先生也偕夫人赶到现场，参加祭奠仪式。张和平先生曾担任 2008 年北京奥运会开闭幕式运营中心主任，率领中国 300 多名优秀艺术家与 10 万文艺大军，圆满完成了奥运会与残奥会开幕式、闭幕式四个仪式，在国内外赢得很高的赞誉。作为北京市政协副主席，那天他特意向全国政协会议请假，专程赶来参加这次传承运河文化的仪式。

张和平先生感慨地说：传统文化与民族精神是我们的根啊！北京

人民艺术剧院的戏一年能演几百场，观众与其说是来看戏，不如说是展现了对传统文化与民族精神的一种依恋。

宋礼、白英的后裔们来了几十位，清一色都换上了新衣裳。从他们酱紫色的脸庞上可以看出，历史风云已使他们都成了当地的农民。他们对这些外来的陌生人保持着警惕，离得远远的，并用疑惑的眼光久久打量着这些不速之客。

祭奠的地点，选在宋公祠前的运河古道边，此时的天空是阴沉的。可就在仪式开始时，阴霾的空中突然射下一缕阳光，虽然这是自然现象，但却使人产生一种悲壮的感觉。

参加仪式的每一个人，都面对宋公祠深深鞠躬，那种神圣与庄严的神情，充满了对民族精神的敬畏与自豪。剧组的孩子们早在几天前，就已经利用排练的闲暇，开始熟悉仪式上的祭文。他们恐怕都是第一次参加这样庄重的仪式。平时脸庞上稚气与调皮的神情荡然无存，有几位孩子的手都在微微地颤抖。他们肯定从那祭文短短的字里行间，在内心深处又一次领略到运河文化的精神与先祖们的智慧。他们在舞台上展现剧中人物形象时的那种情怀，一定会是感人的。

祭奠仪式严格遵循宋、白后裔传统祭拜的程序，时长只有 30 分钟。过后，那些先贤的后裔们纷纷围拢过来，亲切地拉着这些艺术家们激动地说：我们盼这一天，盼了几十年。很多老人没能等到啊！他们这时的眼神中，有的不再是疑惑，而是满满的感激之情。

事后，艺术家们才知道，几十年来，宋礼、白英的后人，曾多次要求在原址上祭奠祖先，但屡遭拒绝。今天，这中断了几十年的 30 分钟，一个简单而朴实的仪式，却衔接起了对运河文化与民族情感的传承。想必，在今后的祭日里，乡亲们都能如愿以偿地在这里缅怀先辈们的丰功伟绩了。

这种经历，在历史的长河中放眼望去，虽极渺小，却着实精彩。英国诗人艾略特说：一个造出新节奏的人，就是一个拓展了我们的感情并使它更为高明的人。创造一种形式并不是仅仅发明一种格式、一种韵律或节奏，而且也是这种韵律或节奏的整个合适的内容的发觉。

《遇见大运河》的创作者们不仅在深入生活时，从这些"渺小"的内容中去创造一种新的节奏，拓展对于民族文化的感情，而且还把这种思维方式加入到戏剧的表现中去，造出一种新的戏剧节奏。这是创作者们在与运河岸边人们的情感交融中，在运河历史文化长河的洗礼中，在运河历史人物的丰功伟绩中，发现的适合表现的韵律与节奏。他们以通俗、朴实的艺术语言，讲述了一个民族文化的主旋律故事，讲述了中国大运河坎坷而传奇的历史。

确实，川流不息的运河水啊，仿佛在诉说着一个个湮没在历史长河中的感人故事；钟声悠悠的古寺，见证了大运河的前世今生。

在济宁的运河畔，矗立着一座肃穆的清真古寺——济宁顺河东大寺，寺内珍藏着大量明、清、民国乃至今天的伊斯兰教碑刻。那些明代的碑刻记录着明代大运河沿线穆斯林文化的多元繁荣。其中一方碑刻阳面有20行用阿拉伯语、波斯语记载的内容；阴面有汉语、阿拉伯语、波斯语镌刻的100多个姓名。它告诉人们，大运河也是多民族文化的摇篮之一。关于这一点，李约瑟先生是注意到了。他在《中国科学技术史》中记载，在修筑运河的工程中，曾有一位蒙古科学家参与过。

京杭大运河最后的取直工程，是在公元1275—1289年按郭守敬设计的方案施工的。

1271年忽必烈称帝，公布《建国号诏》法令。正式建国号大元的一年后，在元朝杰出政治家、文学家刘秉忠（1216—1274）的规划下，元帝国建都于大都（今北京市）。由于元朝对外扩张的需要，急需将经济发达的南方的粮食等物资运往大都，便在原有的运河基础上，又先后开工了几项重大的运河工程。

元朝开凿运河的几项重大工程，加上之前的基础，逐步构成了今天 1700 多公里的京杭大运河。京杭大运河利用了隋朝的南北大运河的不少河段，缩短了 900 多公里的航程，形成了孕育中华民族文化的摇篮，推动了我国历史的进程。这项 " 天人合一 " 的伟大水利工程，是我国古代哲学思想的杰出代表，是中国各个历史时期民族文化的华彩乐章。它的演变贯穿了 2000 多年的历史进程，以其卓越的技术成就和至高无上的文化价值，当之无愧地与万里长城共同被誉为中华民族文明的标志。

由此可见，运河是以它在中国文化史中的重要地位，而区别于黄河与长江的。

阐述这项工程，必须要详细介绍一下郭守敬（1231—1316）。郭守敬，字若思，汉族，顺德府邢台县（邢台市邢台县）人，元朝著名的天文学家、数学家、水利专家。1276 年郭守敬修订新历法，经过 4 年时间制定出《授时历》，这部历法是当时世界上最先进的一种历法，后来通行了 360 多年。1291 年，郭守敬任都水监，负责修治元大都至通州的运河，全部工程耗时一年完成，定名通惠河。1981 年，为纪念郭守敬诞辰 750 周年，国际天文学会以他的名字为月球上的一座环形山命名。

我们完全可以这么说，郭守敬主持修建的越岭运河（为沟通两水系，在分水岭建有通航建筑物和提水等设施的运河）是世界所有古代文明中最古老而又非常成功的水利工程，但至今却没有人对这项世界水利史中具有重要地位的水利工程进行过理论上的总结，以此梳理出中国水利发展的历史与理论根据，传承我国古代科学家的智慧。

此时的西欧处于中世纪的中期，十字军屡次东征，天主教会与世俗贵族之间也在进行激烈的权力斗争。在东欧，斯拉夫人受到蒙古的压制，成为金帐汗国的臣民。拜占庭帝国遭到十字军攻击，分裂且衰弱，文化与科技发展遭到极大的破坏。

而这时，我们的祖先却以人工运河贯穿了海河、黄河、淮河、长江、钱塘江等 5 个中国最大的自然水系。运河与它们交汇处所在的 5 座城市，恰巧都是运河沿岸历史悠久、文化底蕴深厚的古都。在当时，世界上还没有一个民族能把地域跨度 1000 多公里的 5 条东西走向的江河，用人工运河把它们连接起来，形成了一个将近 300 多万平方公里的中国古代哲学的文化符号，这 " 天人合一 " 的旷世之作却由中国人的祖先做到了。

2015 年 6 月 26 日，祭奠治理大运河功臣宋公、白公仪式

宋公、白公后裔宣读祭先祖文

全体演职员参加祭奠仪式

济宁南旺分水枢纽遗址

《遇见大运河》艺术顾问张和平与宋公、白公后裔在遗址前祭拜

首演发布会中张和平与杭州文广集团副总李黎将南北运河水汇聚

05 大运河不知藏着多少秘密

大运河真的不知藏有多少历史中的秘密。就在运河与钱塘江、富春江汇流的富阳，还有一个有趣的历史现象。元末明初著名小说家、戏曲家罗贯中（1330—1400），是中国章回小说的鼻祖，他的代表作《三国演义》描写了汉魏时期豪杰刘备、孙权、曹操的故事。这三位当年争雄天下、叱咤风云的人物的后裔，经过一千多年的风风雨雨，如今却都居住在了同一个地方，彼此仅仅相隔几十里。在20世纪90年代末，三家后裔还聚会过一次。是什么力量和历史原因使他们竟然聚合在了一起？这种巧合，不得不使人联想起那条命运坎坷而神秘的大运河。

杭州富阳的龙门古镇是孙权后裔的聚居地，地处富春江的南岸，龙门山下剡溪旁，位于富阳西南20公里处。

龙门在江南古镇中名声不算大，但却是历史风貌保存最完好的古镇之一，也是浙江省历史文化活态保护区，至今仍保留了大片的明、清和民国初年的古宅群落。

也是在富阳，与鹳山隔江相望的大源镇上，有一座阳平山。东汉时孙权的祖父孙钟曾在阳平山下种瓜，那里还有孙家墓地，据说当年孙中山也曾派人来此地考察过。

沿着富春江驱车到大源镇，从东升老街沿着一条叫作蝴蝶路的小道，穿过杭景新高速公路，艺术家们在路的尽头找到了这块地方，那里立着一块刻有《阳平山碑记》的石碑。碑文确认了孙钟确实隐居此地，并葬在了阳平山，但现在，已完全看不到墓的遗址了。

而曹氏后裔的聚居地，是在富阳场口镇原来的东图乡上村，村子周边环绕有 12 口池塘，这在古村中极为罕见。村后就能看见富春江，景色十分优美。

这支曹氏后裔是曹植的后代，唐朝时定居安徽歙县。明代中后期时，顺富春江而下迁居富阳。村里祠堂立柱上的楹联"春江新甲第，歙浦旧家声"印证了这个说法。但奇怪的是，他们为什么不提曹操，而只说是曹植后裔呢？也许是《三国演义》和历代戏曲指曹操为奸臣的原因吧。

沿富春江往东北方向前行，就来到了富阳渔山乡曙星村，这里是刘备后裔的聚居地。村子掩映在渔山的山坞里，据说这里是元代大画家黄公望画《富春山居图》时的写生地之一。

75 岁的金坤樵老人，捧出一本珍藏的于 1925 年重修的《富阳刘氏宗谱》，已经有点破损了。奇怪的是，里面的序却是"金氏重修宗谱序"。

金老先生说，他们代代相传的祖训是"活金死刘"，活着姓金，死后改姓刘。从现在的族谱中看，他们本姓刘，是汉皇室刘邦、刘秀的后代，到司马炎登基以后，祖先刘川为了避难，将刘（劉）字去"卯刀"而姓金。金老先生再三强调：刘皇叔也是族人。

在村后山坞的草丛里，的确有一块墓碑，上面写着"刘公金鳌府君"，这是主持最后一次修谱的族长。

从山坞出来，对面一座小山叫作田螺山。山后就是萧山境内，那里也有 " 活金死刘 " 的族人生活着。" 活金死刘 " 者在浙江境内估计有 2 万人。

这些历史人物后裔的迁徙，必定与政治、经济有关，交通的便利与经济的发达，往往会促成多种历史积淀的汇聚。所以，在大运河与富春江汇流处产生这种奇特的历史现象，也就不足为奇了。

这种文化遗存的现象，恰恰是《遇见大运河》舞台剧最关注的，创作者们把文化遗产的传播与继承，作为这部剧的使命之一。

大运河还造就了大科学家沈括，他是北宋年间钱塘 (今杭州市) 人，是我国古代著名的改革家和科学家，在天文历法、数学、物理、化学、地理、地质、气象、生物、医学等学科中都有重大成就。西方人称他为 " 中国科学史上的坐标 ", 李约瑟称颂他是 " 中国整部科学史中最卓越的人物 "。

他的传世著作，是用笔记文学体裁写成的《梦溪笔谈》，内容遍及天文、数学、物理、化学、地学、生物以及冶金、机械、营造、造纸技术等各个方面，是中国科学史上的重要著作。《梦溪笔谈》中所记述的许多科学成就，都代表了当时世界的最高水平。

可惜沈括的《梦溪笔谈》还是只记述了技术层面的东西，而没有系统地总结这些代表了当时世界最高水平科学技术的学术理论。

1000 多年来，大运河哺育了数不清的艺术家，创造了数不清的文化艺术作品，也编织了数不清的浪漫的、心酸的、凄凉的、悲壮的故事。

这些载入中国历史的名人，与运河文化的历史积淀有着千丝万缕的内在联系。在当今中国极具影响力的著名艺术家韩美林先生，他的母亲是绍兴人，具有大运河的"血统"，而他美丽贤淑的妻子则是运河畔的杭州人。对于大运河，韩美林先生既有亲情的爱，更富有对中华文化的热爱。

在京杭大运河两头，他曾各创作了一尊铜雕。这是大师默默地与大运河、与这位千年老人在对话。美林先生同时把他的两座艺术馆也设在了京杭大运河的两端，这展示了他灵魂中对大运河的文化情怀。莫非大师也是想从大运河的千年历史中，探索中华文明与大运河的秘密？

韩美林先生虽然 80 岁了，但依然幽默、风趣，他就住在京杭大运河畔的北京通州韩美林艺术馆。他是中国第一位受到联合国颁奖的艺术家，也是第一位在京杭大运河两头设有艺术馆的艺术大师。拜访他是一件非常享受的事，他会以极其平常的话语，告诉你富有艺术哲学的思想。对于运河文化，他早已烂熟于心，因为他一辈子都在探寻中国文化的秘密。对于他，这已不是单纯的艺术问题，而是一种情感的升华。先生的经历实在与运河分不开啊！从他创作的艺术杰作可以看出，其实，他已经解开了大运河文化的密码。

那天艺术家们去艺术馆拜访美林先生时，他就在那张巨大的画桌上，透露了他探寻到的运河文化的密码："我们是龙的传人，我们的国家是龙的国家。这是我们中国地图（画图中），但是你看，它就是条龙。这个地方是黄河，这是长江，这是珠江，这是长城；再看这条，是不是像条龙？这条龙，头是山海关，山海关这个地方叫老龙头，对不对？你看像不像龙头，还张着嘴；这个地方叫龙口市，这个地方像龙口啊！它怎么就在这个地方呢？那个时候也没有卫星，谁也不知道具体的地形。历代的领导人都来这个地方开会，说明在老龙头这个地方开会是一个智慧的决策。大家再看，黑龙江是黑的，鸭绿江是绿的，珠江更不用说了，它还叼了一个珠子。这还不算，这个长江大家知道。这里是上海，这里有个崇明岛，像不像龙舌头？这个地方是南通，像不像龙的眼睛？看看，这是一条龙，青龙。这个地方叫青龙崖。厉害不？你看这里是北京，这个龙眼一直望着北京。北京有条运河一直到了杭州。为什么能到杭州？杭州是南宋的都城，建都建在这里。大家知道，这个地方叫紫禁城。这个叫青龙崖，是在南通。还有紫金山，都是紫色，这都连起来了。紫气东来，它们都通着气的。

"中国主要的水系有 9 种颜色，中国这几条大江，真是每一条江都是一种颜色，真棒！怎么回事？有没有天意？谁也说不出来。有时候你也解释不出来。就这个白龙尾、老龙头把这个中国整个包起来了，有时候真是无法解释。"

导演听罢惊讶地说："这绝对要写在插页里面，最新解读中国大运河。您是怎么发现的呀？"

韩美林神秘地一笑："这条大运河的历史也有 2000 多年了，我认为从前它的主要目的是军事目的。另外一个呢，中国的水系都是横的，没有竖的，南北水系的贯通，这条运河起了决定性的作用。它是世界上最长的人工运河，它在政治、经济、军事、文化上所起的重要作用，是无可代替的。运河现在才通了 800 多公里，还要继续再通。运河通了，我认为就对了。"

导演感慨地说："所以，中国的哲学对天地、乾坤的解释，其中确实是有很深奥的文化思想。"

韩美林很肯定地说："哲学不是宗教，却能够给你信仰；哲学不是艺术，但能够赋予人美感；哲学不是科学，亦能启迪人以真理。好多东西不能不相信。

“京杭大运河的一南一北两端都有韩美林艺术馆，我想这也并非凑巧，而是运河文化的魅力和吸引力所致。京杭大运河历史悠久、工程庞大，孕育了灿烂的运河文化，也为沟通中国南北、促进地域融合发挥了重要历史作用。

"2014 年，京杭大运河被列入了世界物质文化遗产名录。通州有着星罗棋布的文物古迹，丰富多彩的民族民间文化，譬如面塑、剪纸、陶塑、料器、景泰蓝、花丝镶嵌，另外还有民间歌谣、民间音乐、民间花会，等等。这些都是我们取之不尽、用之不竭的创作源泉。我的‘韩美林艺术大篷车 ' 从 1978 年开始，每年行程数万公里，去探寻中国各民族的、民间的文化艺术，在继承的同时也赋予它们现代的审美理念和表现形式，使之焕发新的生机和活力。京杭大运河所蕴含的这些丰富多彩的民族的、民间的文化，也有很多值得我们学习、研究、保护、创新和发展的地方。我也期待着它们能焕发出新时代的光彩。

" 最美、最好的艺术在民间，艺术家一定要下去，要深入到人民群众中，才能源源不断地汲取创作的养分和灵感，滋养自己的艺术生命。同人民在一起，与传统共命运，通过‘艺术大篷车 ' 采风活动，我不仅做到了‘深入生活，扎根人民 '，还将自己的作品回馈给了人民，同时也在为保护和传承民间文化方面奉献着自己的力量。”

著名作家余秋雨先生在银川韩美林艺术馆落成时，对韩美林先生的评价非常具有代表性：

" 地球上有两条人造的长线是中华民族独有的，是中国人的骄傲。一条是万里长城，一条是运河，这两条长线，使我们中国人站在地球上有一种分外的骄傲。

“先说大运河这条长线，从杭州到通州。这一下子就令人想到了韩美林，他把大运河的头和尾贯通了，在大运河的这条长线两端，诞生了两座艺术馆。

“还有一条长线是长城。长城的中心点就在宁夏，第三座韩美林艺术馆就建在贺兰山下。韩美林未必是从宏观的地球线条上来思考问题，但是我相信，大艺术家一定是得到了脉的，韩美林得到了运河之脉、长城之脉。

“所以我觉得，韩美林艺术暗合了人类原始艺术的精粹。这样也就打破了我们的某种观念，以为艺术史是按照直线往前走，而不知道人类的文化艺术有的时候是首尾相衔的圆形。

“韩美林极其天真，又极其强大。大家知道，我们的先人是非常谦逊的，但又是非常骄傲的。这在美林的画中体现出来了，如此强大，如此天真，又如此温暖，如此充满爱心。他的艺术，在长城和运河这两条线上，发出了从古到今的和平信号，了不起。”

曹氏后裔族人

韩美林邀请《遇见大运河》剧组在北京通州运河边的韩美林艺术馆中庆祝端午节

韩美林向导演讲述中国大运河的文化渊源

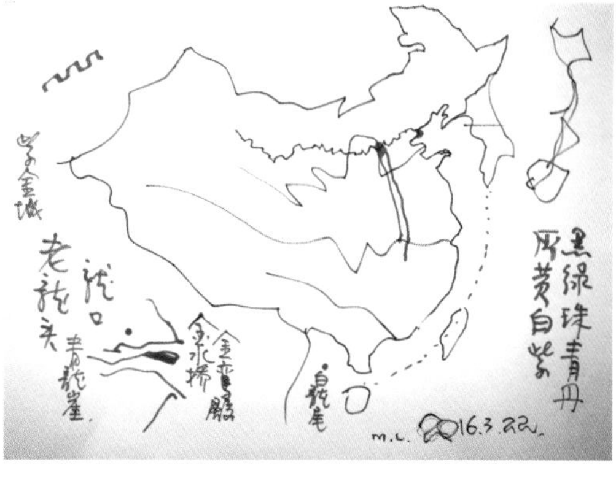

韩美林手绘的中国大运河地图

东不压桥（通惠河北京旧城段）

通惠河通州段

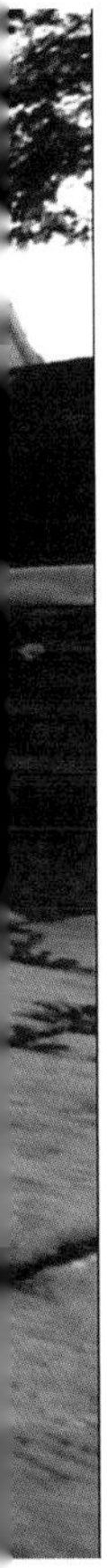

京杭大运河北京通州段韩美林艺术馆中的雕塑作品：《东方》

京杭大运河杭州段韩美林艺术馆中的雕塑作品：《钱王射潮》

06 艺术家们的轶事

韩美林艺术馆的定位，肯定是基于一种发现，即杭州这座运河边的文化古城，与他作品的神秘力量是完全可以沟通的。这座世界文化名城的发展与繁荣，与京杭大运河的命运是紧紧相连的。早在5万年前，杭州就有"建德人"居住，这里也是"良渚文化"的发祥地。历代文人墨客在此留下了众多永垂史册的不朽诗篇，中国古代著名的四大爱情故事都诞生在运河沿岸，其中《白蛇传》与《梁祝》就发生在杭州这座充满传奇与浪漫的古都之中。

运河杭州段是目前交通运输功能还保留较好的河道，还可以承担货船在浙江与江苏之间的通航。运河曾经通过杭州城中的浣纱河、中河、东河与西湖、钱塘江沟通，是杭州这座城市的母亲河。这座城市历史的记忆，就储存在这条具有千年历史的河流之中。

拱宸桥是杭州的运河上保留至今的唯一一座石拱桥，它始建于明代，是运河上现存罕见的古代桥梁建筑。如今，它成了运河历史文化的古老见证者，是杭州这座历史文化名城中特殊的文化符号。

拱宸桥西的小河直街，是江南水乡的典型。街道不长，约1公里，但市井味十足，这正是小河直街韵味所在。小河直街的居民，祖辈大都从事与运河航运相关的行业。沿街房屋、店面，也多是服务于当时航运业工人生活需求，如酱菜坊、理发店、杂货铺等。

据考证，这里的历史渊源可追溯到南宋时期，当时这里是南北货物的集散地，到了清代，更发展成为一条独立的商业街。至今，在小河直街仍能看到不少作坊、店铺、河埠头等历史遗存。如今，这里已是一条富有运河风情和历史文化特色的商业街了。

《遇见大运河》的作曲是美国好莱坞的德国作曲家克劳斯先生(Klaus Badelt)，他为多部好莱坞电影，如《角斗士》《加勒比海盗》《碟中谍》《珍珠港》等影片做过曲，这些乐曲都为中国观众所喜爱。他金发碧眼，具有美国人的浪漫与德国人的严谨。在小河直街那些粉墙黛瓦的民居建筑群中游走时，克劳斯先生神情严肃而认真。

他在一位在民居前缝制棉鞋的老婆婆跟前停下了脚步，聚精会神地看了许久……老人缝好最后几针，瞅见边上这位洋人时，眯起眼睛看着他，大大方方地把那双鞋递过来送他。克劳斯先生这才缓过神来，有点不好意思地表示歉意。

老人一番盛情难却，克劳斯先生就像参加仪式一样，郑重地接过鞋子，仔细端详起来，好像想从鞋上发现运河文化的秘密似的。

他是想从运河人家的生活中，那些参差错落的传统民居建筑中，以及不易察觉的情感中找到灵感。德国人就是以艺术与哲学的严谨著称，情感在哲学中变成了创作思想，感性在哲学中凝固为灵感。

当克劳斯先生第一次带来他的音乐小样时，大家都怀着好奇而不确定的心情。

音乐刚结束，导演差点哭出声来。音乐令人失望，有浓郁的好莱坞电影的味道。

但事实证明，这位来自好莱坞的德国人，最终还是在运河边的民居与生活在那里的人们中间，找到了他创作的密码。他在运河两岸搜集了大量的音频与视频素材，奔波于美国和英国之间，联系到英国最好的录音棚，请了世界著名交响乐团及小提琴与大提琴乐手进行演奏。两个月后，当再次听到他的音乐时，所有人都被作品所表现的形式美而震撼，因为这音乐最深入地把握住了它所描写对象的本质，"真"和"美"，"具体"和"抽象"，都归结到一个源泉——大运河，都归结到了一个结果——中国的民族文化。

在他的音乐形象中，可以隐约见到希腊艺术家塑造的人像所表现的不凡神境，高贵纯朴、静穆庄丽，于是就有了剧中的男主人公"承望"。此外，还可以从他的旋律中见到中国花鸟画中艳若春花、清如白鹤、令人感到华美而飘逸的剧中女主人公"水灵"。他们在剧中的那段双人舞，表现运河美似天河飘荡，招致白鹤展翅，花如雨露，达到了音乐的一种哲学境界，极为丰富而高尚。这也是我国古代哲学家认同的"乐"的境界：情深而文明，气盛而化神，和顺积中，英华发外。

导演在与克劳斯先生交换创作意见时，曾建议他在音乐中加入我国民族音乐最具代表性的二胡曲《二泉映月》的音乐元素，这也是运河文化孕育出来的民族音乐精华，典型地表现了当时运河岸边人民的生活状态。

后来，克劳斯先生并没有直接在这部作品中表现《二泉映月》的音乐元素。但其实，当他在运河边的民居小巷中徜徉时，就已经用另一种方式把握住了这部作品音乐创作的灵魂了。

不过他以《二泉映月》为音乐元素，特意另行创作了一首乐曲，既体现出运河文化与历史的大气磅礴，又表现出江南运河的委婉温柔。他笑着说，就把这首曲子献给导演，献给剧组的全体创作人员吧。令人意外的是，以这首乐曲创作的《遇见大运河》微电影宣传片，还获得了 2016 年中国电影金鸡百花奖的微电影奖。

一个外国人，对中国文化如此热爱，在艺术创作上一丝不苟，无论是在与导演交流时，还是在世界上最好的录音棚中，他都是在一遍遍地力求最完美。有时导演认为已经可以了，但他还是要再来一遍……

那些在艺术创作中过于实际、过于浮躁的艺术家们，面对他的创作精神，是会汗颜的。

一个西方人第一次接触中国文化，就对中国的传统文化理解得如此贴切，这令人十分吃惊。当然，这首先要归功于大运河的魅力。这条河流默默地流淌了 2000 多年，而它所书写出来的这部震撼世界的历史，更是人类历史长河中的永恒经典。

其实，" 李约瑟之谜 " 中表述的东西方的差距，如今已在逐步缩小。不过，在这种艺术与科技的发展速度全球同步的时代，中国的大运河又将以怎样的一种形态呈现给世界呢？

这部剧的其他几位主创人员，都是曾与导演合作多年的同行，也是奥运会开闭幕式创作的参与者与见证人。

服装设计李锐丁毕业于上海戏剧学院舞台美术系，多年来活跃在中日舞台艺术界，设计、监制了近百部演出剧目的服装和化妆造型，多次获得国家级各类大奖。

舞美灯光设计肖丽河，是一位女性舞台灯光设计师，毕业于上海戏剧学院舞台美术系并留校任教。

文学编辑曹路生毕业于上海戏剧学院，是《戏剧艺术》杂志的副主编，曾获文化部文华奖、国家舞台精品工程优秀剧本奖。

艺术总监萧加是残奥会策划工作室主任，曾就读于德国特利尔大学艺术史专业，曾获日本亚洲电视节评委会特别奖、文化部文华奖、广电总局电视星光奖等国内外影视及舞台剧大奖。

他们一起创作了多部舞台剧作品，曾睡在导演家的地板上讨论创作，也曾经在西藏珠穆朗玛峰下的风雪夜中畅谈人物形象。他们在一起享受过创作的愉悦，也在一起面红耳赤地争论过，他们都是在中国的文学艺术创作中留下自己足迹的人。

浙江湖州南浔镇历史文化街区

杭州拱宸桥运河民居

《遇见大运河》主创团队工作中

《遍地大运河》作曲设计：

克劳斯·巴德尔特，

好莱坞作曲家，

《加勒比海盗》

《珍珠港》、《角斗士》

《碟中谍》等作品设计

《遇见大运河》主创团队运河边采风

《遇见大运河》主创团队运河边采风

艺术总监：萧加 / 服装造型设计：李锐丁 / 剧本顾问：曹路生

文化遗产传播顾问：齐欣 / 舞美设计：肖丽河

07 一部从民族文化中长出来的剧

21 世纪初期，中国文学艺术创作可谓丘陵迭起，却缺少高峰。很显然，《遇见大运河》创作者的意图，是要向这座高峰攀登。为创作一部剧，他们沿运河往返，进行 " 万里长征 "，采访专家与沿岸居民有百位之多。

这些数字恰好符合苏格拉底曾经与希腊大雕刻家克莱东之间一段对话的题旨。当这位大艺术家说出 " 美 " 是基于数与量的比例时，苏格拉底就很怀疑地说道：艺术的任务恐怕还是在于表现出心灵的内容罢？苏格拉底还很希望从画家巴哈希赫斯那里知道，艺术家是用什么样的手段，将这有趣的、丰富的、窈窕的、温柔的、可爱的心灵的幽韵表现出来的。宇宙无限，好似一个混沌，混沌是没有形式的，可希腊思想却酷爱形式，用时间和空间赋予宇宙以形式。" 宇宙 " 在希腊语里，就包含着 " 和谐、数量、秩序 " 等意义。这些意义，正是艺术形式的基本要素。

古希腊哲学家毕达哥拉斯在谈论音乐时，将 " 数 " 视为宇宙中心，认为一方面是 " 数 " 的永久定律，另一方面是至美和谐的音乐。美既是数，数是宇宙的中心结构。可见，数学、物理与天文学是西方文化的核心要素。

我们再看中国古代艺术家是如何看待宇宙与美的。中国传统美学的核心是道（气）。道（气）在中国哲学中，是最高的世界本体；在文艺中，是最高的审美意象。作为本体的道（气）产生了自然、社会和个人，又存在于三者之中，于是又有了层次略低的自然物理、社会伦理和个人情理。中国的文艺批评，即以道（气）——三理（自然物理、社会伦理和个人情理）为标准。由于他们深受宗法礼教与小农经济的影响，因而表现出许多有别于西方的特点。中国从殷周时代开始，就是一个大一统的宗法社会。在这个社会中，维系这种统一的，一是小农经济，二是宗法礼教。因为是小农经济，一切自给自足，不假外求，因而是封闭性的。他们"日出而作，日入而息，耕田而食，凿井而饮，帝力于我何有哉!"一切很满足，缺乏希腊人那种向外奋斗的精神。反映他们生活的主要是一些诉说民间疾苦或者儿女私情的作品。

东西方美学核心的差异却正是《遇见大运河》创作者们把握全剧的重要依据。他们认为，美是自我心灵对客观的观照与反映，与持久深入生活、从生活中去发现"美"，与创作的源泉是生活视同一辙，这就是他们将西方现代舞台艺术形式与中国美学思想结合的动机。《遇见大运河》的创作者们发现了这个创作中的奥秘，在他们所经历的"万里长征"中，发现了中国大运河所蕴藏的民族文化的美，创造性地以舞蹈剧场的形式，鲜活生动地展现出人物形象。

14 世纪后，欧洲度过了中世纪的压抑，开始了伟大的文艺复兴。在这之前，恰好是中国文化艺术发展的鼎盛阶段。大运河带来的经济繁荣，在隋唐及之后的一段时期达到了巅峰，但是其所形成的文化繁荣对中国文化艺术发展所起到的深远影响，却是从魏晋时期就已经开始了，以至于从那时起，运河文化就极大地影响了我国古代文化艺术发展的走向。要研究运河在历史上给中国带来的繁荣，不但要从科学技术上来分析，还需要把历史文化中的哲学、音乐、文学、美术和工艺联系起来进行研究。

运河两岸的自然景观、历史遗存，以及运河所连接的5条河流所承载的文化交融，完全得益于大运河这条经济与文化的命脉。目前全世界唯一的多种文化遗产形式并存的样本就在这里，只不过当今世界对其知之甚少罢了。

汉末魏晋以及南北朝时期，是中国历史上最混乱、最痛苦的时代，然而却是精神上极自由、极解放，最富于智慧、最浓于热情的一个时代，因此也是最富于艺术精神的一个时代。王羲之、王献之父子的字，顾恺之和陆探微的画，戴逵的雕塑，嵇康的《广陵散》，曹植、阮籍、陶潜、谢灵运、鲍照、谢朓的诗，郦道元、杨衒之的写景文，龙门、云冈庄伟的造像，洛阳和南朝宏丽的寺院，无不是光芒万丈，奠定了后代文学艺术的根基与趋向。那些奠定了中国文学艺术趋向的古代艺术家们，无论是他们的出生地，还是他们主要活动的地域位置，多数都集中在运河两岸。由此足以见得，中国大运河作为中华文明的摇篮之一，促进了中国哲学、绘画、文学、音乐等艺术的发展与繁荣。这条至今仍在孕育中国多种民族文化形式的人工河流，与长江、黄河的区别也就在于此了。

《遇见大运河》的创作者们，懂得运河是孕育中国文化艺术之河，是中国古代科技与艺术结合最完美的典范。

在大运河刚开凿的时期，欧洲虽然正处于奴隶制社会，古罗马共和国与迦太基、马其顿、希腊的战争延续了几个世纪，但早在公元前3世纪，阿基米德就已经发明了阿基米德式螺旋抽水机。几乎在同期，中国的秦王朝开始了运河的开凿。在中国的三国时期，公元246年，希腊埃拉托斯特尼设计出经纬度系统并准确计算出地球的直径，这一时期欧洲的科学技术发明，与欧洲人善于对科学技术进行理论上的研究与总结有着重要关系，这些理论总结为现代科学技术文明奠定了坚实的基础。

在这部舞蹈剧场《遇见大运河》中，创作者们对中国传统艺术境界的表现做了更加深入的探索：不以纯客观的机械形式进行表现，不是一个单层平面自然地再现，而是探索人文与科技、自然与人的境界层面深入的构创。

从直观感相的摹写、活跃生命的传达，到最高灵境的启示，有三个层次，分别为"情""气""格"。"情"是心灵对印象的反映，"气"（道）是宇宙与生命，"格"是映射着作品的格调。在剧中，以人物矛盾冲突的戏剧化来表现第一层次，人物戏剧化的对白，直抒胸臆，表达了人物对印象的写实；以舞蹈的韵律、节奏、秩序、理性来表现剧中的生命、律动、力量。而热情为第二层次，这是艺术家内心世界的创化过程，如同将参差流动的音乐、奔放不羁的生命，收敛为行为舞动的韵律。第三层次是以文化传承与大自然的造化警示后人，宇宙观的创化过程，应成为社会发展的动力。

这些都是艺术家们在运河边考察后得到的收获。在北京故宫博物院与台北"故宫博物院"收藏的历代名人的画作中，不乏与中国大运河相关的作品；从历代的文学名著《三国演义》《水浒传》《西游记》《金瓶梅》《三言二拍》《聊斋志异》《儒林外史》《红楼梦》《长生殿》中，也都能见到这些作者曾在运河边风雨中踌躇的足迹。

除了文学，人们还可以从享誉世界的中国民歌《茉莉花》和二胡曲《二泉映月》中嗅到运河水的清新；还可以从山东聊城的鱼山梵呗中，听见洛阳白马寺与杭州灵隐寺悠远的钟声、看见姑苏城外枫桥夜泊中的星星渔火。

导演还是个爱钻牛角尖的人，在扬州，她和人打赌，说在运河边必定能听见《茉莉花》的音乐。

现在全国各地能听见的是周杰伦、李宇春等歌星的歌，"90 后""80 后" 肯定不会唱《茉莉花》了。

但在扬州的运河边，还常常可以听见《茉莉花》的音乐。那天还真碰到一位中年人在河边的亭子中，用二胡演奏这首曲子。只见他满脸的舒坦，闭着眼睛在演奏，模样极其陶醉。听到有围观的人了，他停下来用地道的扬州话说：拉得不好，每天在此拉拉曲子，心里就安静了，没得烦恼。

导演见此很是得意地笑了，问他：知道这首曲子的来历吗？这一问，倒是打开了他的话匣子，这是一个非常善于表达的人，对《茉莉花》的来历如数家珍，还会试着演奏流传的多个版本。

与导演同来的那几位艺术家听了他的介绍，瞪大眼睛，面面相觑。谁会想到运河边的一位普通工人，竟有如此的民族音乐修养。

从这种现象中我们可以看到，运河的历史文化，不但构成了人们的生活形态与审美取向，而且已经深深地渗透到了两岸人民的精神世界之中。

先秦时期的《乐记》，是一部在音乐美学方面带有总结意义的著作。中国古代思想家对于音乐，特别是音乐的社会作用非常重视。这首不知何时由何人创作的民歌《茉莉花》，仍可以成为现代人慰藉自己心灵的音乐，就足以证实民族音乐的社会功能。

宗白华先生告诉我们：中国古代所谓的 " 乐 "，并非纯粹的音乐，而是舞蹈、歌唱、表演的一种综合。《乐记》上有一段记载：" 故歌者，上如抗，下如队，曲如折，止如槁木，倨中规，句中钩，累累乎端如贯珠。故歌之为言也，长言之也。说之故言之也，言之不足故长言之，长言之不足故嗟叹之，嗟叹之不足，故不知手之舞之，足也蹈之也。"

原来舞蹈剧场这种艺术形式，早在先秦时，我国古人就已经实践了。它并不只是发源于西方的现代表现形式。只不过，是我们自己渐渐遗忘了祖先们留下的珍贵遗产而已。

《遇见大运河》的导演是个极有灵性的人，看来她也悟到了从"曲"到"乐"之转换的秘密，坚定了她要用"舞蹈剧场"的概念来表现中国大运河的想法。是我们的祖先赐予了她力量与启示。

可见，我国古代关于文学艺术理论的总结著作，为现在文学艺术的发展奠定了不可动摇的基石。

17 世纪后，中国的科学技术领先地位开始丧失，大运河的繁荣也开始渐渐褪去。虽然如此，但运河所孕育的文化，并没有因此而完全失去生命，她仍然在默默地传承着。 这得益于古人对历代文学艺术理论的总结。这些理论的传承就像人们精神与审美上的一盏明灯，是中华 5000 年文明没有中断的重要原因。

运河流经的山东聊城鱼山，是中国佛教音乐梵呗的诞生地。据传，当年曹植乘船路过此地时，听到从流水中传来一阵天籁般的音乐，就是用五行对仗的角、徵、宫、商、羽演奏的古乐，曹植将其改编成梵音。

鱼山摩崖上是巨大的释迦牟尼坐像，坐像下的一块巨石上镌刻有"闻梵"两字，边上有一山洞，"梵音洞"。

望着远处的"梵音洞"，仿佛能听见洞中一阵梵音传来，飘逸、优雅的梵呗旋律从洞中袅娜而出，有如一群绿衣少女随音乐翩翩起舞。

这些古迹在今天的鱼山仍能找到，但天籁般的梵音及舞蹈是不见了。如今在寺庙中常听到的佛教音乐，已经不再是当年天籁般的梵音。倒是从古人的音乐理论书籍中，还能闻到当年妙音的清新。那里面系统记载了古人所寄托的精神与审美的愉悦。

聊城是运河与黄河交汇之处，是南方东部文明与黄河中原文明融合的地方。不同的地域文化的交织，往往会促生新的文化元素。由此言之，中国佛教音乐诞生在这里，就不足为奇了吧。

这种地域文化的交融，还可以从 1127 年宋朝由河南开封迁都杭州，使这座城市成为中原文明与南方东部文明的交汇点来分析。南北两种文化使这座城市开始繁荣。威尼斯人马可 · 波罗于 1275 年游览运河时这样描绘杭州：南宋首都杭州，有 10 个庞大市集、房屋 160 万栋、工场 14 万 4 千家。

欧洲人视胡椒为奢侈品，但杭州人每天却要消耗 4740 公斤，这简直是 " 人间天堂 " ！另外，他还说城内石桥有 1 万 2 千座之多，桥下都可通大船！

试想，水乡威尼斯的人，知道之后怎咽得下这口气呢！

杭州水网密布，城中的浣纱河、中河、东河、护城河是杭州城里主要的水上交通网络，它们把运河、西湖与钱塘江联系在一起，至今，从杭州拱宸桥运河码头坐船，只需几十分钟就可以到杭州西部的城市湿地西溪去一游了。

西溪是罕见的城中次生湿地，是中国第一个 " 国家湿地公园 "。西溪与运河早在南宋时，就已经与西湖一样，为骚人墨客所喜爱。历代文人被那里密布的水渚、大面积的芦荡、众多飞禽走兽、到处鸟语花香所陶醉。

说到西溪，不得不提到两位文学家。一位是明末清初的剧作家洪昇（1645—1704），他就曾居住在这里，创作了剧本《长生殿》。故事取材自唐代诗人白居易的长诗《长恨歌》与元代剧作家白朴的作品《梧桐雨》。用他在剧中的台词来形容西溪的美景，是再贴切不过了："春色撩人，爱花风如扇，柳烟成阵。行过处，辨不出紫陌红尘。霓裳天上声，墙外行人听。音节明，宫商正，风内高低应。偷从笛里写出无余剩。人散曲终红楼静，半墙残月摇花影。"

洪昇写作《长生殿》，历经10年，三易其稿，该剧于康熙二十七年（1688）问世后引起轰动。《长生殿》成为中国文学宝库中的重要著作。

康熙四十三年（1704），曹雪芹的曾祖父曹寅（清文学家，号荔轩，又号楝亭，生于顺治十五年，卒于康熙五十一年）在南京排演全本《长生殿》，邀洪昇前去观赏。事后，洪昇在返回杭州途中，在乌镇酒醉失足，落入运河而亡。

另一位与西溪和洪昇有关系的，是当代著名红学研究家土默热，他研究红学，运用了历史考证和文学分析相结合的科学方法，对《红楼梦》的解读研究另辟蹊径。

按照土默热红学的思路，需要根据洪昇所处的顺康"末世"背景去解读《红楼梦》。他经过多年的考察，认为《红楼梦》不但与杭州有关，更与西溪湿地密不可分。他认为《红楼梦》的原作者应该是洪昇，而书中大观园的原型就是洪昇及其西溪"蕉园姐妹"共同生活的故园，也就是现在西溪湿地内的洪园、西溪山庄、花坞、秋雪庵、柴门、山堂、水阁等一系列的明代江南园林建筑。

他认为《红楼梦》的真实历史背景是杭州，书中交代的"花柳繁华地、温柔富贵乡"是隐写杭州，"西方灵河岸上三生石畔"也是杭州的特指。

他认为，洪昇与曹寅是至交，写完《红楼梦》后，他将书稿给曹寅过目。后由于洪昇酒醉落水身亡，书稿下落不明。曹雪芹在曾祖父遗物中发现书稿，于是加以整理后流传至今。

先不说土默热这一论证的真实性，但《红楼梦》这部享誉世界的传世之作所描写的内容，以及其带有传奇色彩的作者，与运河文化的历史积淀都有着不解的关系，这应该是事实吧。

那为什么在运河沿岸会有这么多的传奇故事呢?

大运河与中国文学史的关系可以说是千丝万缕，中国古代的"四大名著"中，有三部都与大运河有关系。比如明代施耐庵的《水浒传》，小说中所叙述的许多故事的背景都在运河两岸。"林教头风雪山神庙，陆虞候火烧草料场"是这部作品中的经典名篇，这故事就发生在运河畔的河北沧州。

《遇见大运河》的创作者，来到了离沧州8公里的捷地乡运河边，他们并不是来考证《水浒传》中人物的真伪，而是来追寻运河文明的足迹。

沧州古运河畔的捷地乡，东邻汪家铺乡，北接沧州市区，西面濒临京杭大运河，自古就有"交通要塞""水旱码头"之称。

到达捷地乡的那天早晨，天很阴沉。但沧州文化局的郑智利却是满腔热情。这位30多岁的年轻人，讲述起沧州运河的历史春秋，就如在叙述家谱。

他说：运河沧州段当时被称为御河，是海河水系的一部分。京杭大运河在沧州境内长达220公里，成为京杭大运河流经里程最长的城市。

乾隆五十五年(1790)，80岁的乾隆皇帝从东陵到西陵，再到泰山、孔庙兜了一大圈，大概在四月上旬来到沧州，并立碑为据。显然，当年已 80 岁的乾隆到这荒僻之地，可不是来游山玩水的。

如今，那块乾隆所立的碑就在运河边，毗邻一处简陋的厕所，显得沧桑斑驳，早已失去了昔日的辉煌，只剩孤独与苍凉。这块披着历史风尘的御碑，在周边的贫瘠与荒漠中，没有了一丝皇家的傲气，却像一位家境落魄的老人，无奈地蜷缩在那里。这种文化现象的对比，也见证了运河的衰落。

这里是运河与几条内陆河分流的地方，分流的闸门没有留下历史的记载，连熟读沧州历史的郑智利也不知它的来历。闸门上唯一具有历史痕迹的，是 1933 年安装的一部德国造的机器。大半个世纪过去了，那部来自德国的机器，至今仍被擦得铮亮，在机械地上下运转着。虽然它的动作单调，但也已成为中国科技史的一位见证人。也许，李约瑟先生当年就曾考察过这里。

这里虽然自古就地处荒僻，但从乾隆御碑到德国制造，足见这里是运河的重要流段。因为这一段运河，在历史上曾得到了东西方两种文明的关照。

艺术家们对这里的人更感兴趣。然而，不知为什么，当地人却显得有些冷漠，这也许是与当地有习武的传统有关。好不容易在河堤上见到一位老妇人，正赶着一群羊走来，导演凑上前去想与她攀谈，但老妇人冷冷地看她一眼，只顾赶着羊群走了，消失在茫茫晨雾之中。

导演久久地站在那里，目送着她赶着羊群，沿着运河的河堤慢慢远去。这时，她也许在寻思：现在这里的人一定是遗忘了什么吧。那么，会是什么呢？

江南运河民居掠影

运河居民恬静生活画面

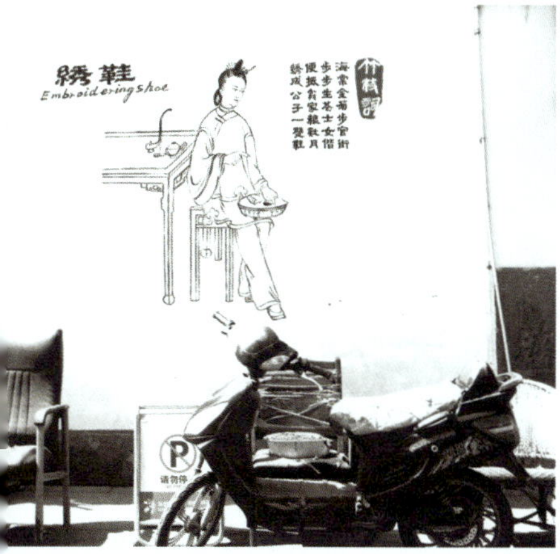

盐宗庙

孟城驿

天宁寺行宫

汪鲁宅门

邵伯古堤

清江大闸

宁波三江口（浙东运河）

宁波庆安会馆

扬州个园

江苏洪泽湖大堤

总督漕运公署遗址

08 藏在古代名画中的运河

历史总是会有那么多的巧合，运河总是会有意无意地使不同的文化悄悄地交融在一起，其实这种巧合恰恰是由一种历史文化的积淀所形成的。

这种历史文化的积淀可以从运河多种文化遗产共存的形式中显现出来。运河文化除了对中国历代的文学、音乐产生了很大的影响外，对美术作品的影响也同样深远。

在中国美术史中占有重要地位的古代绘画佳作，不乏与运河有关的作品，反而少有对黄河与长江的描绘。这一独特的文化现象绝非是历史的巧合，恰恰是运河特有的文化属性的体现。这些作品不仅是运河沿岸真实生活风俗的写照，而且也是中国古代美术作品的杰出代表，这进一步证实了运河是中国文化艺术的摇篮，是一条催生并且满载着民族文化艺术之河。

现藏于北京故宫博物院，由北宋画家张择端所绘的《清明上河图》，是中国十大传世名画之一。这幅北宋的风俗画，是张择端仅见的存世精品，属国宝级文物。《清明上河图》宽 25.2 厘米，长 528.7 厘米，绢本设色。作品以长卷形式，生动记录了 12 世纪北宋汴京（今开封）的城市面貌和当时社会各阶层人民的生活状况，是汴京当年繁荣的见证，也是北宋时期运河边城市经济繁荣的写照。

这幅画在5米多长的画卷里，共绘了814个各色人物，牛、骡、驴等牲畜73匹，车、轿20多辆，大小船只29艘。画中的房屋、桥梁、城楼等各有特色，体现了宋代建筑的特征，具有很高的历史价值和艺术价值。

京杭大运河的终端杭州是中国的七大古都之一，这就不得不令人联想到另一幅惊世骇俗、具有传奇色彩的画。那就是元代画家黄公望所作的《富春山居图》。黄公望(1269—1354)，出生于运河边的江苏常熟，擅长画山水，与吴镇，王蒙，倪瓒并称为"元四家"。

这幅画在明朝末年传到收藏家吴洪裕手中，吴洪裕极为喜爱此画，甚至在临死前下令将此画焚烧殉葬，幸被其侄子从火中抢救出，但此时画已被烧成一大一小两段。较长的后段被称为《无用师卷》，现藏台北"故宫博物院"；前段被称为《剩山图》，现收藏于浙江省博物馆。《富春山居图》不仅是我国传世的十大名画之一，更是代表中国统一的文化精神象征。

中国明代著名画家、文学家唐寅（1470—1524），字伯虎，同是运河边的苏州吴县人。在画史上又与沈周、文徵明、仇英合称"吴门四家"。明弘治十三年（1500），唐寅沿运河坐船到镇江，又从镇江到扬州，游览瘦西湖、平山堂等名胜。这些景致给唐寅留下深刻的印象。这在他以后的绘画作品中，被充分地体现了出来。他在自己的画作《桐山图》上题词"淮水出桐山，古来贤哲产其间"，生动地描述了运河沿岸人才辈出的文化现象。

运河与淮河于江苏的古城淮安汇合。淮安在明清鼎盛时与苏州、杭州、扬州并称为运河沿线的"四大都市"。明清时期，淮安因在中枢漕运、集散淮盐、漕船制造、粮食储备、河道治理方面地位显赫而被称为 " 运河之都 "。

淮安古迹名胜众多，与大运河有直接关联的遗存就有不少，其中 16 处被确定为全国重点文物保护单位。淮安因京杭大运河而成为运河线上最繁华的都市之一。在 " 夹岸数十里，街市栉比 "" 淮郡三城内外，烟火数十万家 "" 壮丽东南第一州 " 等文字记载中，淮安当年的繁盛可见一斑。

京杭大运河文明形成的标志，应该从北京通惠河的开拓算起，通惠河位于京城的东部，是元代挖建的漕运河道，由郭守敬主持修建，自至元二十九年 (1292) 开工，到至元三十年 (1293) 完工。元世祖将此河命名为 " 通惠河 "。最早开挖的通惠河自昌平县白浮村神山泉经瓮山泊 (今昆明湖) 至积水潭、中南海，自文明门 (今崇文门) 外向东，在今天的朝阳区杨闸村向东南折，至通州高丽庄 (今张家湾村) 入潞河 (今北运河故道)，全长 82 公里。

这条河流经天津与海河贯通后继续向南延伸。它的竣工直接促成了中华民族分布格局的三个重要变迁，这种变迁可以从收藏在北京国家博物馆的国宝级画作《潞河督运图》说起。

清乾隆年间有一位画家江萱，应朋友冯应榴邀请，乘官船经潞河前往天津海河三岔河口一带视察漕运的情景，河中官船、商船、货船、渔船等各类船只穿梭往来，两岸衙署、店铺、寺庙、民宅、粮仓错落有致，树木茂盛。江萱感慨之余，铺卷执笔，彩绘了一幅工笔长卷画轴，其中有各种人物 798 人，各式船舶 64 艘，真实表现了漕运给天津地区带来的繁华与发展，真实记录了北运河段南北水陆漕粮运输、商贸交易以及地方民俗的景象。这段运河在当时称为 " 潞河 "，所以画卷命名为《潞河督运图》。

天津市内的北、南运河天津三岔口段河道，流经该市武清、北辰、河北、红桥、南开、西青 6 个区，全长 71 公里。其中北运河部分自武清区筐儿港减河与北运河连接处至三岔河口，长 48 公里；南运河部分自三岔河口至西青区杨柳青镇，长 23 公里。京杭大运河在天津境内全长近 180 公里。

" 天津是大运河载来的城市 "" 先有三岔口，后有天津卫 " 等说法早已有之。天津很多居民点和商业区的形成，都与大运河关系密切，其中天穆村最为典型。早在元代，那段运河就已经存在。14 世纪初，元武宗从西部、西南地区迁人过来屯田，再加上有沿着运河营生或从事运输的人到此地，这里就逐渐形成了聚落。

如今站在金钢桥上遥望，河水静静流淌，反射着太阳的光芒，不远处的 " 天津之眼 "、堤岸休闲区、大型邮轮以及在河边休闲、垂钓的市民，见证了属于这个时代的生活与繁华。

北运河流经天津到达近郊的十六孔闸，运河在天津与海河交汇后，来到这道闸，温柔、平静的运河水越过闸门，瞬间变得波涛汹涌，奔腾流向大海。

黄昏下，站在北运河十六孔闸上望着河水滚滚东去，微风拂面，不禁使人心情豁然开朗，就如见到中华文明汇入世界文明的大海之中去之壮观。

运河沿岸文化繁荣的现象，还可以从清代宫廷画家徐扬的画作《姑苏繁华图》中见到端倪。徐扬（生卒年不详），江苏苏州人，擅长人物、花鸟画。乾隆十六年 （1751）进宫。其所作的《姑苏繁华图》，现藏辽宁省博物馆，又名《盛世滋生图》，是以当时运河边苏州城繁华景象为背景。

整个画面包括太湖至虎丘近百里的风光，妙笔丹青，画出了江南的湖光山色、水上人家、水运漕行、田园村舍、商贾云集等繁盛图景。全图构思巧妙，虽有艺术渲染之处，但与历史文献相印，不失真实，不愧为一件写实的杰作，是研究 200 多年前 " 乾隆盛世 " 的形象资料，具有极高的历史价值。

这些绘画作品的内容与形式，为《遇见大运河》提供了极其珍贵的创作元素，该剧的舞美设计就是以这些画作为设计依据的。

从中西方美术比较的角度来看，西方的美术，自古希腊以来传统的风格，都注重透视法、解剖学，而从画境中描绘出圆雕式的物体，其渊源与背景则是埃及、希腊的雕刻艺术与几何空间建筑艺术。中国古代的人体圆雕远不及希腊发达，也没有达到一个纯雕塑风格的境界，不像西方后来的画家那样都以希腊雕塑为范本。中国的雕塑自晋、唐以来反受绘画的影响。

东西方绘画发展的不同走向，也体现了东西方文化发展的不同轨迹。文化的不同发展方向，当然也会影响到科学技术的发展。可以说，中国古代科学技术以及文化的发展，与西方走的是两条不同的道路。即使是在同一个民族的发展中，在不同的历史阶段，文化艺术与科学技术两者发展的速度与所处的历史地位也是不同的。

清康熙帝御书碑
清康熙三十八年(1699)，北运河筐儿港处
决口。康熙帝亲临阅视，命建减水坝，御
书「导流济运」。工部郎中牛钮等于坝旁立
碑。康熙五十九年，湖广总督喻成龙等重修。雍
正六年(1728)扩修减水坝并建碑亭。
清乾隆帝御书碑
碑文为清乾隆帝三首御笔题诗。其一《阅筐儿港
减水坝作》，作于乾隆三十二年(1767)。其二《阅
筐儿港工作》，作于乾隆三十五年(1770)。其三《
阅筐儿港作》，作于乾隆三十八年(1773)。
二碑原立筐儿港(今八孔闸地区)，现存武
清御碑园。2007年，北运河改造整修时复制，并
建御碑亭。

清康熙帝御书碑

天津北运河遗产界桩

天津武清区清洁运河的工人

北运河边遇见放羊人

河北沧州捷地减闸采风

冬日的北运河

09 这是"最后"的时刻

宗白华先生说："一个伟大的时代、伟大的文化，都欲在实用生活之余裕，以庄严的建筑、崇高的音乐、宏丽的舞蹈，表达生命的高潮、一代精神的最深节奏。建筑的抽象结构、音乐的和谐节律、舞蹈的线纹姿势，最能表现我们内心的情调与律动。"

这些生活在运河边的古代文人，欲在实用生活之余裕，真实地记录运河的时代风云，描绘运河人家的生活与情志。这不正是运河所孕育的文化至今还在陶冶着人们的思想、体现着人们在生活中所体验的境界与意义、源源不断地传承着中华文明的体现吗？

当把视野转向运河文化中，那些从两岸千年历史与人民生活中"长出来"的非物质文化遗产，为中华文化宝库的繁荣做出了巨大贡献，使我们对此的崇敬之情油然而生。

正如联合国教科文组织北京办事处原文化项目专员木卡拉在其《非物质文化遗产与我们的文化认同感》一文中所阐释的：非物质文化遗产是人类遗产非常重要的资源，就语言、民间音乐、舞蹈和民族服装来说，它们都能让我们从更深刻的角度了解它们背后的人和这些人的日常生活。通过语言途径传播的口头传统和哲学、价值观、道德尺度及思考方式构成一个社会生活的基础。非物质文化遗产所涉及的范围非常广泛，每一个人与它都脱不开关系，因为在每个人身上都包含着它所在社会的传统。

运河沿岸的非物质文化遗产的衍生、发展、传承，是中华民族非物质文化遗产的重要组成部分，其中有不少代表了中国非物质文化遗产的最高水平，包括有"中国第一非物质文化遗产"之称的中国昆曲，世界戏剧之秀国粹京剧，苏州园林，苏州香山帮传统建筑营造技艺，扬州的漆器和剪纸，苏州、扬州、北京的玉雕，越窑青瓷，等等。有着中国传统特色的武术、杂技、相声、评弹，以及中国的刻版印刷、杨柳青年画也都展示了京杭大运河非物质文化遗产的繁荣与至臻至美，这些文化遗产独特的表现形式、深厚的文化内涵和审美特质，使它们成为运河文化的代表，也是中华文化中"天人合一"的美学思想的典型代表和具体展现。

"天人合一"有两层意思：一是天人一致。宇宙自然是大天地，人则是一个小天地。二是说人和自然在本质上是相通的，一切人事均应顺乎自然规律，达到人与自然和谐。老子说："人法地，地法天，天法道，道法自然。"（马王堆出土《老子》乙本）即表明人与自然的一致与相通。汉儒董仲舒则明确提出："天人之际，合而为一。"（《春秋繁露·深察名号》）这成为儒家思想的一个重要观点。

大运河利用中国东部密集的天然水网，连同它所贯穿的5条天然水系，在中国的山川大地上绘出了一个中国古代哲学的巨大文化符号，像一根擎天的立柱，撑起了贯穿南北文化的"横梁"，构建了中国文化巍峨博大的格局，达到"天人合一"的最高境界，促成和保证了中华文明的统一与和谐，这就是《遇见大运河》以及本书着重要表达的观点。

2014年5月21日，这一天是令人难忘的。《遇见大运河》经过了3年艰难的创作历程，在杭州最现代化的剧院——杭州大剧院首演。

这1000多天的创作经历，与以往所有的创作都不同。导演是把从采风、排练直至演出这整个过程，作为一个完整的行为艺术来处理的。在排练过程中，她就策划了不同的活动，既让演职人员深入生活，又让他们的行为贴近宣传保护文化遗产、保护大运河的主题，她甚至邀请社会各界人士到排练厅观看演员们的排练，举办"水的故事"等主题活动。因此，公演意味着是对这项行为艺术的总结，也是对这部作品成功与否的评判。这3年里做出的所有努力，其结果究竟会如何，在演出前确实令人有太多的担心。

导演深知这部作品对她、对整个剧院来说都至关重要。她在全院的动员会上就是这么语重心长地对大家说的：在当今的社会，再不创新就等同于灭亡。《遇见大运河》就是我们创新的结果，她的成功将意味着我们又一次新的生命的诞生。

在剧场装台的那几天中，导演都没有踏实睡过。演出前一天，她眼圈黑黑，人憔悴得很。有些演员见到导演这般模样，眼里都噙满了泪水。

这场剧吸引来了国内众多媒体。演出前，导演只是草草与媒体见了一面，然后就默默地坐在灯光与音响的控制室里。她此时已无能为力了，她把一切都交给了舞台。此刻，她内心在想什么，没有人知道，但肯定是极不平静的。3年来创作的艰辛与坎坷，即将明了结果了。

在舞台上，无论是演员，还是工作人员，都在默默地做演出前的准备，紧张却又出奇的安静。台下观众坐得满满的，连三楼都坐满了人。但剧场里却是出奇的安静啊。怪了，今晚不会有什么事发生吧？

当演出的音乐响起的那一瞬间，演员们集聚了3年的情感就如火山喷发般迸发出来。这种无形的力量喷射向观众，把台下1000多人的心绪，完全交织到了大运河的命运之中。

这种力量的集聚，却是由汗水与鲜血悄悄地、默默地凝成的。在空旷的排练厅里，地胶板的垫子上平躺着一位穿练功服的姑娘。她乌黑明亮的眼睛平静地望着天棚，就像在夜晚的星空下，躺在草地上数星星。看不出她清秀的脸庞上有丝毫痛苦。其实，此时她的腰椎已经严重受伤，但她依然忍着剧痛说，我躺一会就行了……这需要多么坚强的意志啊！

在双人舞蹈的演出中，一个高难度动作的失误，使女演员下巴划开了一道 6 厘米长的伤口，鲜血喷射到男舞伴的身上，也染红了她洁白的纱裙。可她仍然微笑着坚持跳完全舞，才倒在地上。

她的男舞伴跑到角落里，双手掩面，蹲在地上号啕大哭。此时他不仅是为舞伴的伤而难过，同时也一定想到了很多很多，想到 3 年来在排练中遇到的所有艰辛与痛苦，想到在创作中所遭受的种种压力与委屈，这位一米八的男子汉，再也忍不住自己的泪水与情感了。

演员中更 " 倒霉 " 的要算最帅的小伙子曹禺了，他练功摔断了胳膊，还坚持要上台，导演拗不过他，只能让他扮演出场不多的女角 " 贵妃 "。巡演经常要有近 10 个小时的车程，他靠窗睡着了，等醒来时，帅气的五官歪到了一边，令同座的女孩吓得惊叫起来。他醒了，一时还摸不着头脑，睡眼惺忪地望着大伙，茫然地问：怎么啦？

3 年来，当这一切逐渐积聚成一股强大的精神能量时，那股力量是极其巨大而充满魅力的。这种魅力，来自演员们 3 年来每天十几个小时的训练，来自他们练功所留下的满身伤痕，他们在一个浮躁而忽视文化的社会中，默默地在传承着民族文化与精神，这是多么的难能可贵啊！

首场演出结束后，经久不息的掌声把气氛推向了高潮。观众长时间鼓掌，不愿离去。台上的演员们列队目送观众。此时舞台上下的对视，不仅是彼此心灵中由运河文化所引起的共鸣与沟通，也是对创作人员的敬意与尊重，更是对民族文化的崇敬。

在历时 3 年的创作中，这部作品始终遵循一条原则：要沉到生活中去，与运河两岸的人民共同在历史的长河中，涤荡出运河文化的精灵，供奉她、传承她。

关于这部作品，新闻媒体也一直追踪报道，新华社、《人民日报》、中央电视台、腾讯网，甚至湖北、湖南等地的媒体也都做了相应的专题宣传。

那天走进剧场的观众，一多半人恐怕早已对此剧有所耳闻。当他们对这部作品的期待得到满足时，当他们对民族传统文化的崇敬之情在心底里升腾起来时，所爆发出的掌声自然是饱含了深情的。

这样的场面，能使心灵不停颤抖……

但眼前这动人的场面似乎丝毫没有打动导演，她仍默默地坐在那里，只是脸庞上挂起了两行泪水。

流淌了 2000 多年的中国大运河，如果她真有灵魂在华夏大地的上空徘徊的话，一定也会为那个夜晚而感到自豪的。她肯定没想到，今天还会有如此多的人们在爱她，在歌颂她，在传承她的精神。

《遇见大运河》这部作品的成功，虽然相较大运河申遗的成功来说贡献是渺小的，但其创作的成功，同样宣示着，中国大运河在 21 世纪，又获得了一次新的繁荣。

可惜李约瑟先生已经不在了，不然他也许会以这场演出的结果，为自己的谜题增添一些新的内容。

在中国将近 3000 家国有文艺院团中，杭州歌剧舞剧院作为一个市级剧团，名不见经传，却由于这部作品，在国内外引起了一阵 " 遇见 " 的热潮，成为国内各大主流媒体跟踪关注的文化事件，也使这个具有 60 年历史的地方剧团，首次成为各种媒体关注的热点。杭州歌剧舞剧院在文化市场竞争日趋激烈的情况下，坚持对民族文化的传承，关注环境保护，依靠自己的创作队伍，培养年轻演员，极大地锻炼了整个剧院的艺术素质与创作能力，为艺术院团创作艺术作品的方式以及所承担的社会责任与自身的生存，闯出了自己的道路。这种创作理念，以及作品获得的成功，都在后续的运河沿岸主要城市的巡演中获得了高度评价。

《遇见大运河》舞台装置工作中

《遇见大运河》排练花絮

10 三位老人的心愿

2015 年 11 月 24 日的清晨，中央人民广播电台经济台广播了一条新闻：上海某区有关部门把几千吨的生活垃圾与工业垃圾，倾倒在无锡运河湿地，这是在中国大运河申遗成功后发生的事件。

中国大运河申遗成功，就像一位蓬头垢面被人遗忘的母亲，疗好了伤痛，又向世界展现出美丽的容颜。

但她依然常常会被人罩上一块肮脏的面纱。

可见，如今对于文化遗产、对于环境的保护，缺的不是技术手段，而是人的文明素质与具有现代思维方式的人才。

2005 年，我国著名物理学家钱学森先生曾发出感慨：这么多年培养的学生，还没有哪一个的学术成就，能够跟民国时期培养的大师相比。为什么我们的学校总是培养不出杰出的人才？现在中国没有完全发展起来，一个重要原因是没有一所大学能够按照培养科学技术发明创造人才的模式去办学，没有自己独特的创新的东西，老是 " 冒 " 不出杰出人才。

" 钱学森之问 "，提到了我们的教育所缺乏的两个层面：一是学校培养创造发明型人才的模式；二是创新创业型人才在社会上发挥作用脱颖而出的机制。国家最高科学技术奖自 2000 年设立以来，共有 20 位科学家获奖，其中就有 15 位是 1951 年前从大学毕业的。

" 钱学森之问 " 是关于中国教育事业发展的一道艰深问题，需要整个教育界乃至社会各界共同来破解。

《遇见大运河》所探索的问题不正是与 " 钱学森之问 " 异曲同工吗？前者是关于中国教育所培养的 " 人 " 的问题，而后者看似是关于环境与水利保护的问题，实质却是民族文化发展落后于社会发展需求的问题。其核心，都是 " 人 " 的问题。印度诗人、哲学家泰戈尔在印度国际大学中国学院（自从印度著名诗人泰戈尔１９２4年访华后，中印两国文化交流逐渐得到开展，印度国际大学中国学院得以建立）的小册里说过：" 世界上还有什么事情比中国文化的美丽精神更值得宝贵的？中国文化使人民喜爱现实世界，爱护备至，却又不致陷于现实得不近情理！他们已本能地找到了事物的旋律的秘密。不是科学权力的秘密，而是表现方法的秘密。这是极其伟大的一种天赋。因为只有上帝知道这种秘密。我实在妒忌他们有此天赋，并愿我们的同胞亦能共享此秘密。" 泰戈尔这几句话里包含着对中国文化及中国人极精深的观察意见，值得我们细加推敲。

可遗憾的是，祖先创造的精神财富，我们民族所具有的那种深谙宇宙秘密的天赋，却被世人抛弃了。" 现实得不近情理 " 的人，培养出的人才大多也是现实得不近情理的；不遵循自然的规律，当然就不懂得事物旋律的秘密。因此，大运河这位母亲，仍然还时不时地会伤心地哭泣。

其实，这条河流虽然名扬世界，但是从未有几个人会真正从文化发展与社会文明的角度关注她。

从 17 世纪开始，中国大运河开始显露出衰落的征兆，虽然在以后的某一阶段也曾出现过一度的繁华，但都是当时的统治阶级为眼前的既得利益，对运河进行的改造与维护，已不再是隋唐时期具有战略眼光的开凿与治理了。

这种衰落的原因包括地理位置、战争等多种因素，但也有观点认为，海上运输的开通，是运河开始衰落的主要原因之一。而到了清朝末年，自京汉、津浦等铁路修建以后，清朝政府更是 " 现实得不近情理 "，不关心运河的命运，任其荒废。运河河道越来越窄，最窄处不足 10 米，运输能力大减，不少河段不能通航。

另外，黄河改道后，山东境内河段水源不足，河道淤浅，南北断航，淤成平地。水量较大、通航条件较好的江苏省境内一段，也只能通行小木帆船。京杭大运河的荒废、萧条，是当时中国社会半殖民地半封建状态的写照。京杭大运河曾经是中国的运输大动脉，但其运道畅通的维持却一直是历经磨难，举步维艰。

历代封建政权仅是为眼前的统治而治河保漕，没有长远的治理规划，没有认识到运河对经济长远发展的价值与运河文化深远的历史意义，以及运河对我国历史发展所起到的重要作用，导致运河治理失当，运河水利的秩序被完全破坏。19 世纪后，运河开始全面走向衰败，以运河为中心的交通与经济体系开始崩溃，逐渐由后来的海运轮船、火车等近代交通等工具所取代。

这种由于统治阶级在政治与文化上的局限，而造成的人为被动的破坏因素，使京杭大运河的衰落对沿线城乡经济、文化产生了巨大的影响。一些曾经繁华一时的运河沿岸城市，从此一蹶不振。后来，有些城市虽然重新振兴并发展成颇具规模的近代都市，但城市的文化遗产传承与经济的繁荣，都需要经历缓慢的近代化历程。大运河的衰落对沿运河地区的乡村、小城镇的经济也产生了深远的负面影响。

关于大运河衰败的历史原因的讨论已经很多了，那么为什么到了现代，大运河仍在哭泣呢？

在这经济飞速发展的几十年来，造成运河衰败的原因，究竟是社会的，还是经济的？这也如钱学森先生提出的问题，同样是需要社会各界共同来破解。

我们由此再看 " 李约瑟之谜 "，现代科技文明为什么没有诞生在中国？其原因与大运河衰败的历史原因同出一辙。在诸多因素中，人 " 现实得不近情理 "，遗忘了宇宙及事物旋律的秘密，遗忘了创造社会与自然的秩序与和谐，失去了文化对民族精神与文明的教化作用，是最值得我们深思的。

沿运河采风体验，每到一处受到污染的河段，演员们嘻嘻哈哈的声音就会戛然而止。他们眺望着河水鸦雀无声，就像见到娘家亲戚病了一样，眉头紧皱，目光暗淡。 近年来关于运河污染的数据统计，更是触目惊心：从前的大运河，七九河开，八九雁来，九九水涨满岸绿；但随着工业化的发展，尤其是近几十年来，大运河水体污染日趋严重，河水发黑发臭，鱼虾几近绝迹。城市工业污水与生活污水，包括船只的污水直接排放到运河，不仅污染了饮用水，而且导致水产绝迹。用运河中放养的水草喂牲口，会导致牲畜慢性中毒。另外，运河部分河段河滩水位下降，垃圾堆积，严重影响了河岸附近居民的日常用水和生活起居。

大运河从杭州到徐州，可以分两大部分。南段是长江以南，从镇江到杭州这一段；北段是从扬州到济宁这一段（其他河段已基本断流）。这两段运河的污染一直相当严重。21 世纪的经济发展而引起的污染，可以使人联想起西方 18 世纪开始的资本主义工业革命对自然环境的破坏。当时，西方国家发展经济的代价是把泰晤士河、莱茵河、多瑙河都污染了。但西方国家从 20 世纪 60 年代开始认识和重视这个问题，采取了很多措施进行监督、管理和保护。现在英国的泰晤士河、德国的莱茵河的水污染问题都得到了解决。

《遇见大运河》这部舞剧，警示人们在现代化的进程中，在经济发展的同时，不要遗忘了我们民族赖以生存的历史文化。中国几千年的文明发展史，是社会、文化、经济发展与大自然界亲密融合的结果。是中国传统的哲学思想、民族的美丽精神，引领中华民族走过了 5000 年的文明历程。庄子说 " 上下与天地同流 "，孟子说 " 静而与阴同德、动而与阳同波 "，就是这个道理。一旦破坏了环境，就是扼杀了我们自己。这种观点，正是《遇见大运河》这部剧的主旨之一。

这部助力大运河申遗舆论宣传的舞台剧，需要电视台提供 3 分钟的关于运河污染的新闻视频。但电视台方面说：" 每播放一次的费用为每分钟 1 万元。" 这就意味着每演一次需要 3 万元，演出百场以后，为这 3 分钟的新闻视频，需要向对方缴纳 300 万元。

导演听说后，脸顿时就变了颜色：" 都说要文艺工作者懂得文化自觉，要坚守我们民族的精神家园，看来这确实不易啊！ "

虽然事小，但还是能令人联想到 " 李约瑟之谜 " 所提出的问题。如果李约瑟老先生还健在，继续撰写他的《中国科学技术史》续篇，也许 " 李约瑟之谜 " 要改成 " 李约瑟之问 " 了。

这种 " 现实得不近情理 "，对民族文化传承的遗忘，默默地、长时间地潜伏在人们的观念之中。现在社会中各行各业所遇见的种种困难，其中不少就是因为人们对优秀的传统文化、民族精神的 " 遗忘 "。他们忘了自己所肩负着的传承中华民族5000年文明历史的重任，忘了中华民族的伟大复兴。

当下的这种"遗忘"非常令人担忧，因为其中不仅有对传统文化的遗忘、对社会责任的遗忘，还有对人的真诚与善良的遗忘。对于这一点，导演常想不通，老是对着镜子向自己发问。

这时，一位老人给了导演继续前进的力量，他是运河申遗的主要倡导者、国家历史文化名城保护专家委员会副主任、城市规划专家、设置中国历史文化名城的主要倡议人之一郑孝燮先生。这位百岁老人使她更深刻地认识到这部作品的深远意义，坚定了她去面对"遗忘"，并与之斗争的决心。

郑孝燮先生长期致力于城市规划、建筑设计的实践、教育与科学研究，在研究探讨中国城市规划的历史和理论、保护城市历史风貌和文化古迹等方面有很高的造诣，在中国历史文化名城的倡建及其规划和建设方面做出了突出的贡献。

艺术家们慕名拜访老人，那是2015年11月26日的早晨。

据说这是北京有史以来最冷的11月。大雪过后，已经100岁的郑老，听说客人来访，坚持要亲自接见，他已是需要拄着拐杖才能移动的百岁老人了，虽然眼神有些浑浊，但儒雅依旧，精神也不错。

他的客厅里堆满了书籍，但整个房间里最引人注目的是老人家年轻时与妻子的照片。师母两年前已经去世，但依然看得出他对妻子那份深厚的爱恋。

艺术家们来拜访之前，特意录了一段视频，请《遇见大运河》剧中的全体演员们向老人问好。演员们都是些20来岁的孩子，他们争先恐后地站在摄影机前，向这位呼吁保护运河的先驱者老人送上自己的问候。郑老看着他们的笑脸，慢慢凑近屏幕，满眼的慈祥，好像就要走进孩子们中间去了。

导演邀请他明年春暖花开时去杭州。老人竟像孩子一般说：我要去，我要去的……其实大家都知道，这已是老人的梦了。

为运河申遗，他曾多次到杭州勘察，是中国大运河申遗的主要倡议者之一。正是这些倡议者不懈的努力，才催生了京杭大运河的保护与申遗活动。2005 年 12 月 15 日，他联名著名文物、建筑专家罗哲文先生，署名致信运河沿线城市市长的《关于加快京杭大运河遗产保护和"申遗"工作的信》，引起了全国媒体及社会的轰动，也由此拉开了运河保护与申遗的序幕。

说起往事，他老人家惋惜地说："可惜罗哲文先生不在了，他是一位好人啊！"说这话时，老人眼睛看着前方，仿佛在遥望当时他和罗哲文先生在运河边徘徊的身影。

导演依偎在老人膝下，犹如依偎在自己的祖父身旁，娓娓地介绍了她创作的经过，她向老人表示："在表现经济发展的同时，一定要保护好文化遗产；在表现运河历史的同时，也一定要表现现代人对运河的认识与爱护。"

老人连声称道："好，好啊！"

导演拿出一幅用杭州丝绸制作的 5 米长的大运河长卷，上面有运河沿岸主要城市市长的签名。老人欣然命笔，并且选在北京市长的签名边上。导演告诉老人，这幅长卷将赠送给联合国，表达运河沿岸各城市保护大运河的决心。老人说："你们做得真好，真好！"

送给老人的生日礼物，是用杭州丝绸编织的红围巾和红帽子。老人见了，感到意外，有些浑浊的眼里，闪过一道光亮。

导演给老人端端正正地戴上帽子，围上围巾，老人竟像孩子般笑了。

郑孝燮先生认为：文化是一个国家综合国力的象征。站在历史的高度来看，京杭大运河的价值和风貌传承千万不能 " 断流 "。而更重要的是，与以往的文物景观不同，京杭大运河是一个流动的、还活着的遗产。从这一点来说，她甚至仍还是个 " 孩子 "。所以必须在发展中保护，这才是我们申遗的目的。

他还深情地说：你们明年 6 月在北京的演出，我一定要来。他还表示：千百年来我们都受益于这条河，我们有责任保护好她，为了这个目标，我愿作大运河上的一个纤夫。

临别前，导演拿出一封自己在创作最困难时写给郑孝燮老人，但未曾寄出的信，她是以写信的方式在鼓励自己不要放弃。现在，终于见到了这位鼓励她永不放弃的老人，她把这封信读给老人听了。

老人听罢，没说什么，只是紧紧握住导演的手。他可能没有想到，现在还有那么多年轻人在关心着大运河的命运，在为运河文化的复兴奔忙。老人最关心的当然是文化的传承，这是他为中国文化事业贡献毕生精力的理想啊。

郑老与艺术家们畅谈了一个多小时，竟然没有一点倦意。在告别时，他老人家的眼里散发出光亮来，一个劲地挥手致意，大家都明白他此时的用意。

导演可能是想到这几年来创作的艰辛，以及老人对她的鼓励与嘱托，眼里顿时满含了泪水。

郑孝燮先生，这位把自己与中国大运河的命运联系在一起的百岁科学家，他的名字将被载入大运河的史册，与运河水同流。

大运河老照片

周 ZHOU 口 KOU 港 GANG

运河货船：周口港

百岁老人郑孝燮与导演

郑孝燮先生

（郑孝燮：城市规划专家，设置中国历史文化名城主要倡议人之一。他积极参与北京古城保护，并成功保护了德胜门箭楼；促使平遥古城列入世界文化遗产推荐名单；为上海纳入历史文化名城行列而奔走呼号；积极呼吁《历史文化名城保护条例》尽快出台；亲力亲为考察我国历史文化名城，足迹遍布长城内外。）

敬爱的郑爷爷：

五年前，我开始做运河题材的艺术作品时，遇到了很多困难，犹豫过、泄气过，当我在查找大运河历史资料时，我认识了您，知道您二十一年来对运河文化遗产的保护与传承无悔的坚持，让我从此坚定了信心。

这几年来我创作的初衷、艺术表达和所做的一系列公益行动，也是一直遵从、追随您曾说过的“必须在发展中保护运河，这才是我们申遗的目的。”到现在为止，我们走完了运河沿线的六个省市，得到了各地市政府的支持与欢迎，更得到了百姓的认同，明年我们将应邀赴法国联合国申遗总部，向世界传播中华民族灿烂的文化遗产。

亲爱的爷爷，保护运河的路很长，但我们会像您一样，永远地爱护着她，我们会坚持不懈地用艺术唤醒更多的人们对文化遗产的保护意识和行动。

祝爷爷身体健康，开开心心每一天！

2015.11.26

导演写给郑孝燮先生的亲笔信

11 八字桥上的"艳遇"

春秋时的吴国都城，是以如今的苏州市为中心，吴国开凿了许多条运河，其中一条向北通向长江，一条向南通向钱塘江，这两条南北走向的人工水道，就是最早的江南河。这条河在秦汉、三国、两晋、南北朝时，都进行过多次整治，到了隋炀帝时又作了进一步疏浚。《资治通鉴》卷一八一记载："大业六年冬十二月，敕穿江南河，自京口至余杭，八百余里，广十余丈，使可通龙舟，并置驿宫、草顿，欲东巡会稽。"

会稽山在如今浙江省绍兴市东南，相传夏禹曾在这里会见各路诸侯，秦始皇也曾登此山以望东海。隋炀帝大概也想要到会稽山，效仿夏禹与秦始皇。由此可见，隋代南方运河的终点是如今的绍兴，再往东南可延伸至宁波，使之成为海上丝绸之路的起点之一。

古代被称为会稽的绍兴城，是沟通浙东运河的重要城市，运河是这座历史名城发迹的主要因素之一。这座古城是有名的水乡、酒乡、桥乡，风景秀丽、人才辈出。自古以来诞生了多位文化名人，同时也拥有不少著名的文化古迹，如兰亭、禹陵、鲁迅故居、三味书屋、咸亨酒店、百草园、蔡元培故居、周恩来祖居、秋瑾故居、马寅初故居、王羲之故居、贺知章故居等，还有东湖、沈园、吼山、新昌大佛寺等自然与人文景观，而春秋时越王"卧薪尝胆"的故事，更是千年传奇。

但从考察运河文化的角度去审视这座城市，就会让人有不同的收获。具有千年历史的运河古纤道，现在孤独地躺在运河河道中，两岸已是工厂林立。古纤道上历经千年的石板，散发着幽幽的光，千年的风雨已经把石板磨砺得凹凸不平。它与两岸的那些排列散乱的、生产初加工产品的低矮厂房，形成强烈的对比，这正是古代文明与现代科技文明对比的真实写照。

那是一个阴天，还有些寒冷，下午的河面上风仍很大。带着一种探寻运河历史奥秘的情怀，艺术家们踏上了那古老的纤道石板。他们想去叩开运河历史兴衰的秘密。

导演独自不声不响地径直沿着纤道，朝远方走去，直到远处的过桥上才停下。她伫立在那里，朝远处眺望。离得很远，依然能感觉到她那种若有所思而坚定的眼神。演员们都久久地在纤道上徘徊，她却跑到岸上去，远远地看着演员们在纤道上前进的形体与步伐。她在构思剧中人物的形象。

在这里，演员们徒步走遍了当地的运河，以及与运河相关的历史古迹、博物馆。到了绍兴，当然还要去看看浙东运河的重要见证之一"八字桥"，它位于绍兴城区八字桥直街东端，处广宁桥、东双桥之间。八字桥是我国最早的"立交桥"，据《嘉泰会稽志》记载，它始建于南宋嘉泰年间(1201-1204)，南宋宝祐四年(1256)重建。"两桥相对而斜，状如八字，故得名。"桥以石材构建，结构造型奇妙，陆连三路，水通南北。这桥下的河水南接鉴湖之水，北达杭州古运河，是古代越城的主要水道之一。八字桥附近一带，古民居也保存得较为完整。

这部剧的艺术总监，还在绍兴碰到了一次耐人寻味的"艳遇"，他把这次遇见如实地记录下来：

我们住得离八字桥不远，这天晚上都过11点了，我又一人出门去。黑黝黝的天空这时淅淅沥沥飘起蒙蒙细雨来，但我还是坚持要再去看看那桥。雨水倒使我的头脑更清醒起来，一边走，脑海中竟翻出自己小时候在杭州运河上的拱宸桥边钓鱼时落到水中的情景。

这些古桥苍老而满载着历史密码，常使人感到一种文化的温馨，想到这，我在心里笑了。

夜深了，雨还在下。躲在繁华的马路边上的八字桥直街，其实是条小巷。此刻，它早已安静下来，窄窄的石板路幽深而黑暗，只有几盏昏暗的路灯像惺忪的睡眼般亮着，灯光洒在湿漉漉的石板上显得孤寂、冷漠，我不禁回过头去看走来的路，突然纳闷：在这喧嚣繁华的城中，怎还有如此令人怀旧的地方？我觉得自己又回到了那个久远的时代。真怕小巷尽头的那座桥，由于黑暗而见不到它了。

在昏暗中迎面突然出现了一位耄耋老人，他撑着伞，用浑浊的眼疑惑地打量着我这位深夜来客，他可能在怀疑我这时来这里的动机。

走进黑暗中，眼前果然见到了桥。虽然漆黑一片，但桥踏实、稳健的轮廓却很清晰，包括水边的民居。尤其是桥下像守护神似的那棵大树也还能看清。

刚才来时，天还亮些，我一个劲地叹息，为这精致而具民族特色的景观陷落在现代化高楼中而感到痛心，这就像一幅美景图残缺了一样。可奇怪，我怎么就没注意到矗立在桥头这棵枝繁叶茂的古树呢？

这时我忽然嗅到一阵潮湿而清新的空气在荡漾。是雨吗？我猜这应该是桥下水的味道。这种清新在乌烟瘴气的城市中就显得格外珍贵。湿润的气味告诉我，桥下的水是清的。虽然黑暗使我的视觉受影响，但其他感官却更敏感而细腻了。

在万籁俱寂的黑暗中，我突然发现，原来这桥上不止我一个人呢，桥那头还立着一个女人。她站在桥头默默地望着远方，见到有人，似乎朝我看了一眼，又好像是从沉思中醒来。

我怕在夜深人静的时候吓着她，赶紧笑着打个招呼，其实我知道她根本看不见我脸上的微笑。不过她先于我，很有礼貌地问候了一声。嗓音很好听，柔润还甜甜的。接着她柔声告诉我，她老家就在桥下的老屋里，现在成了运河的博物馆。她从小在云南长大，小时候总听外婆讲起家乡的运河与八字桥的往事，说这里的河港里鱼很多，吃饭前随便捞起一条就可以下锅了。雨天屋檐上流淌下来的水也都是可以喝的，很甜。

但外婆再也没回过家乡，只是在讲运河的故事时，满足一下她对家乡的怀念，她临终前还喃喃地喊着：家哦、家哦……

她完全沉浸在往事中，不知不觉已经与我离得很近，我甚至能感觉到她的呼吸，还有那股少女特有的青春气息。这时我才感觉到她的年龄，隐约能看清她的五官，很清秀。

她递过来手机，要我拍一张她站在桥头的照片。在手机闪亮的一瞬间，我才看清，这是一位腿部有残疾的女孩，但穿着挺时尚，才20出头的模样。

她有些敏感地笑着问我："怎么样？残缺的东西美不美？"

我说："不在乎是否残缺，而要看它的品质，就像在这繁华的城市中，虽然仅仅只保留下了这小小一片使人怀旧的清静，但这也是文化的传承，这里包含了人对美好记忆的情怀，所以它终究还是美的。"

她"咯咯"地大笑起来："您真会说话，我懂了，谢谢您！"说完，她一瘸一瘸自信地走下桥去，渐渐消失在幽深而黑暗的小巷中。

我久久地站在桥上望着下面看不见的河水问自己，对于现在的时

代，刚才我的回答对吗？顷刻间，我突然感受到了运河给予我的一种温馨情感。

这时，雨开始下大了。

导演听了这段奇遇故事后，一拍手调侃说：多美的艳遇啊！那姑娘就像是运河的精灵一样。她又兴奋地一拍手，真好像发现了什么秘密，说：有了，今天就带演员们再去一趟，不是说桥下还有运河博物馆吗，都要去看看的！

此时，剧中的女主人公，似乎已经从她的脑中，由一位剧中的人物，升腾为一个民族曲折而坎坷的经历的代表。

有时，美丽也会掩藏在黑暗之中，人的情感更需要从扑朔迷离中去发现闪烁光芒的真谛。无论是对于创作者所描写的对象，还是对于创作者自己而言，都是如此，腐朽的心灵当然不会发现人性中的光辉。

次日清晨，还有薄雾在河面缥缈，传统的脚划船从桥洞中缓缓而过。这种景象确实很"中国"啊！

而导演干脆就跑到河边的人家去，与在河边干针线活的老大姐们聊起了她们在运河边的生活，她想把运河人家对河的真实情感，都编织到她的剧中。

那些年轻的演员们在桥边那座精致的运河博物馆中参观时的专注神情，完全可以使人想起艺术总监在昨晚遇见的那位姑娘。她年龄与演员们相仿，千里迢迢回到故乡，把她外婆怀念故乡的梦，编织到现实中来；而眼前的这些年轻的演员们，却是要在舞台上编织关于中国大运河未来的梦想。

这座运河博物馆虽然小，但窗外就是运河，从二楼居高临下，边观运河小景，边听关于运河历史的讲解，此刻，真像荡漾在运河历史的长河中。在博物馆中的陈列中，解说员特别强调了江南运河上的长安闸，作为运河上的重要水利设施，这座坝闸历经风雨而遗存，有着非常丰富的人文内涵。它位于浙江嘉兴海宁市长安镇区范围内，始建于唐贞观年间（627—649），是江南大运河交通和军事上的枢纽。

宋代日本人青山定男途经长安，在其作品中留有长安三闸的文字记述。杨万里也有过描写长安闸的诗篇。苏轼在《请开河奏议》中提到过"长河堰"。史料记载，南宋皇帝赵构、诗人陆游等北上时皆经此地，都留有题咏之作。

就水利工程而言，欧洲到了16、17世纪，还仅仅是使用让船只通过水位上下通航的堰闸，往往需要船只等上几个小时。到了17世纪，西方人开始注意到了中国大运河堰闸的使用，当时英国首位到达北京的使节马戛尔尼（Macartney），曾对此有过详细的描述。

八字桥

京杭大运河杭州段钱塘江畔的六和塔（老照片）

12 海上丝绸之路的起点

京杭大运河经杭州东折后，成为浙东运河，经萧山西兴镇，跨曹娥江，过绍兴、余姚，沿姚江东至宁波，沿甬江进镇海入海口。大运河的北端终点为通州，而南端出海口便是千年古城镇海。镇海地处中国海岸线中段，由此可北上齐鲁，南下闽粤，自古以来是海上丝绸之路的始发港。这么看来，大运河不仅沟通了中国南北，也是古代中国与外国交通贸易和文化交往的海上丝绸之路的起点之一。这是大运河历史上一个绚烂的亮点，可以想象得到当年这里商船聚泊、千帆竞发、热闹繁华的景象。

浙东运河又名杭甬运河，是世界上最古老的一条运河。我们的祖先们利用了甬江、姚江天然河道，疏通河渠，连通大海，走向了世界。浙东运河沟通了杭州湾南岸浙东地区的内河交通，拓展了宁波港的腹地，沟通了宁绍平原和长江三角洲平原。

浙东运河最初开凿的部分为位于绍兴市境内的山阴故水道，始建于春秋时期。西晋时，会稽内史贺循主持开挖西兴运河，此后与曹娥江以东运河形成西起钱塘江、东到东海的完整运河，此后历代，多处河段逐渐淤塞。元代时期，京杭大运河的开通及其与浙东运河的沟通，最终形成了京杭甬大运河。镇海开始了因运河繁盛的时代。浙东运河的航运条件和繁荣程度达到极致，成为当时大运河最繁忙、最重要的河道。据《嘉泰会稽志》载，当时浙东运河的萧山至上虞段可通航 200 石吨位船只，而山阴至姚江段可通航 500 石船只。明代张岱《夜航船》记述了镇海至杭州的浙东运河沿线夜间客运的状况。

2013 年 12 月 30 日，投资 70 亿元疏通的浙东运河终于全线通航了，这条水路串起了杭州、绍兴、宁波三座城市经济发展，古老的京杭大运河也由此向东延伸近 240 公里，被称为 " 京杭甬大运河 "，千年历史的水道终于又有了出海口。

那天，这些艺术家们从宁波安庆会馆考察出来，见到北侧的河岸上有几个人在钓鱼。导演为了创作这部剧，已养成了 " 包打听 " 的习惯，每到一地，都会 " 不耻下问 "。不论男女老少，她都经常会凑上去询问当地运河两岸的风俗与民情。

见到有当地人在钓鱼，她又开始与他们唠叨了。可不，她又与正在钓鱼的一位老伯唠上了。

那位不起眼的老伯说他最喜爱在这里钓鱼，不是因为这里鱼多，而是望着运河在这里交汇后朝着东海远去，就像是在看一部没有结尾的电影。他话语间充满自豪：你看，这里的江面相当开阔，正是姚江、甬江、奉化江汇聚的三江口，也是大运河出海口与海上丝绸之路起航地的交汇处。老伯的眼光顺着蜿蜒的河流，遥望远方……

他介绍说：甬江从这里一直流向镇海出海口。镇海县城的建城选址、布局及功能定位也与运河有关。镇海城是进入京杭甬大运河的第一个县城，因此被称为 " 两浙门户 "" 郡之咽喉 "。在古代，镇海还是军事要塞，这是由镇海既是大运河入海口，又是对外贸易重要口岸的特殊地理位置决定的。

听着大伯的介绍，导演的神思却仿佛已随着大河东去了，眼神竟然有些凄迷。对于运河，她似乎已经变得非常敏感，只要是听见 " 运河 " 两个字，她的眼神即刻就会发生变化。说是在搞创作，不如说她是在研究运河文化对当今社会的影响。确实，她对运河文化的追求，已超过了一般艺术创作者对于表现对象的研究，进而完全沉浸在对文化的深层次的探索中了。

浙东运河自宁波三江口至原镇海甬江口（即招宝山与金鸡山连线），经招宝山南麓流入东海，全长 22 公里。艺术家们来到海边，却没有见到如清代浙江第一状元史大成所说的 " 崩涛激湍，雷轰电转 " 的壮观场面。这里海水平静，海平面上有几艘大游轮在缓缓地驶向大海深处。

大伙儿都若有所思地静静伫立在海边，一瞬间，时间似乎凝固了。他们都把思绪放到很远很远。有的在想 " 李约瑟之谜 "，也有的在寻找大运河兴衰的原因。

然而，停泊在甬江出海口附近的那艘仿北宋时期的巨型木船，告诉人们这里就是当年海上丝绸之路启碇扬帆的地方。巧得很，在这古老的港口，古老的木船上，一位才 30 出头、结实而憨厚的年轻船长热情地介绍了他对大海、对丝绸之路、对大运河的经历与认识。

他说自己 16 岁就跟父亲出海，现在已是驾驶千吨级以上渔船的船长，船是自己买的，耗资几百万元。从这里出港，往往要在海上漂泊半年才能回来。父辈们出海仅仅是到北海附近，就需要十几天。现在的船到韩国济州岛附近海域，40 个小时就能到了。虽然父辈们出海的经验很丰富，但这些经验都被现在船上的现代化设备所取代了。不过，在大海上所需要的毅力与勇气是永远不变的。这位年轻的船长还骄傲地说，现在捕鱼归来卸船的自动化设备，是他自己设计的。在船上漂泊了大半年，回港后大家都急着想回家，但以前的人工卸船是很耽误时间的。

说起与大海有关的一切，他都是津津有味，但关于大运河，他憨憨地抱有歉意地"嘿嘿"一笑说：听说过，但知道得很少。看来，沟通中国南北的大运河文化，要真正走向世界，走向眼前这位年轻的船长，以及年轻的一代人，还任重道远。

临别，握住船长那双长满茧子的宽厚手掌，导演在内心祝福他们能在大海中把握前行的方向，也愿他和所有的年轻人，能够满载着中国的优秀文化，驶入世界文化海洋的深处！

回到县城，已是中午了。原来安排是回宁波休息的，但导演执意要在当地用午餐。他们走进一家当地小饭店，里面只有四五张桌子，不过还算干净，老板娘是本地人。

导演问："有什么本地特色的小吃啊？"

老板娘笑吟吟地说："猪油洋酥脍，是阿拉这里的名点。选本地白糯米，用水浸后蒸熟，放入石臼舂得软韧，用猪板油、黑芝麻粉、白糖、玫瑰拌和制成馅料。"

边上一桌的老伯，听说我们是来采访运河与当地民俗的，插嘴介绍道："现在味道没有以前的好了，阿拉小时候吃的酥脍，吃在嘴巴里黏得不得了。过年过节家家都要做，也是送礼的好点心。不过现在不行了，现在是水不行了。过去我们这里的糯米和水，加入黄泥都可以造房子。你们去看了古海塘吧，那安远炮台就是本地的糯米加黄泥土石灰垒成的啊。"

导演意味深长地对大伙说："听见了吧，这水可以改变食品的味道，改变人们的生活习惯，还能改变文化呢！这就再次证明，水能载舟，也能覆舟。从水就能看出一个民族文明的程度！"

季文静笑了："好啦！在中国大运河出海口的这家小饭店里，老板娘的故事，简直就是给我们上了一堂哲学课啊！"

"我们现在的艺术作品，就是少了点哲学的味道。我们这部剧要能够给人多一点哲学的思考才好啊。"导演的这句话，让大伙各有所思，这顿饭吃得有点沉重了。

在回宁波的一路上，"哲学的思考"使大伙都陷入了沉默之中。望着车窗外无边无际的大海，自然会联想到世界上最著名的巴拿马运河、苏伊士运河。这些运河的开凿虽然比隋唐大运河晚了一千多年，但恰恰是在它们开凿的时候，中国大运河经过全盛时期，已经开始出现衰败的征兆。在这里就暂且把两条历史兴衰的时间曲线，称之为"李约瑟曲线"吧。国外那些著名的大运河，至今仍发挥着沟通世界的重要作用。苏伊士运河于 1859 年 4 月 25 日动工，到 1869 年 11 月 17 日就正式通航了。巴拿马运河于 1904 年动工，自 1914 年通航至今。基尔运河自 1907 年拓宽加深，于 1914 年开始通航直到今天。2015 年 10 月 12 日 13 时至 23 时 30 分，正前往环球访问第七站葡萄牙里斯本站的中国海军 152 舰艇编队的"济南舰""益阳舰"和"千岛湖舰"，就是由东向西通过沟通北海与波罗的海的基尔运河，进入德国易北河。

那么我们的运河呢？

QUÍ
LIFE

海上丝绸之路起点港　镇海口海防遗址

北
雄镇路
平海路
环城西路
城河东路
环城北路
隧道北路
招宝山景区

13 运河的守护神

在英国剑桥大学李约瑟研究中心采访时，导演曾对梅所长说，可惜李约瑟先生不在了，如果他了解到现在的人们对这条具有 2000 多年历史，而且已经失去昔日风华与功能的运河，会有如此深邃与隽永的情感，一定会在他的《中国科学技术史》中增添新的篇章。

大运河兴衰的时间曲线，与 " 李约瑟之谜 " 提出的时间曲线，竟是如此吻合，足以证明大运河是一条见证中国科技与文化发展的河流，是一条深藏着千百年来民族文化灵魂的河流，是一条浸淫历代文化遗产的河流。揭开当今社会浮躁、追逐利益的表面，我们仍然可以见到人们内心深处对民族文化渴望的情感。这种情感至今未变，而且还必将延续下去。

这种民族情怀，时刻荡漾在如今的运河两岸。

当这部剧巡演到海河与运河交汇的城市天津时，虽已严冬，但在武清的运河边，一早就有人在捕鱼，可见水是清的，让人欣慰。

更使人感到眼眶一热的，是几位运河河道的清洁工。领班是位小伙子，叫李斌，憨憨的，他带着几位清洁工冒着严寒，在清洁宽阔的河道。

他们中还有一位女清洁工，大约 30 多岁，虽然包着头巾，但也能看出几分清秀。她说她家在离这儿 30 多公里外的白古屯镇的白古屯村，早上四五点就要出门赶来，一直要到下午 5 点才能摸黑回家，风雨无阻。

她那双被冻得红肿的手，那双满含笑意的漂亮眼睛，以及工作时一丝不苟的优美姿态，都让人感觉到她是在看护她心爱的孩子。看得出，冬日的寒冷与劳动的艰辛，丝毫没有动摇她的选择。

没有他们怎么会有清澈的运河水？没有清澈的河水又怎么会有鱼？没有鱼又有什么能给人们带来生命的希望？随行的记者说，一定要把他们劳动的照片寄去，要写上：运河是中华文明的母亲，历代开凿、守护运河的劳动人民也是运河的母亲，我感谢你们！

武清区文化馆的专家，满含深情地向演员们讲解运河的故事，说到动情处，他的声音几乎都有些哽咽了：现在有些人还是不明白运河啊！

在杨柳青运河边的民居中，有一位女画家，她是范增先生的学生。这名 30 多岁的才女，以其对运河民族文化的依恋，不但在中国美术界崭露头角，还在画史、画论方面颇有造诣。

她的作品深受杨柳青年画的影响，对中国画的气韵、笔墨、虚实、明暗的处理，已颇见功力，但也不乏她所追求的自我。在她的画里，可以见到中国绘画延续数千年的历史传承。

她的姐姐与父亲介绍了他们世家的传统，原来他们是清代一位格格的后裔。她的父亲也喜舞文弄墨，算是书香门第吧。

她父亲还是个热心人，亲自带这些寻根运河的艺术家，去找国家非物质文化遗产的传人——杨柳青的 " 年画张 "。此人年纪 50 好几了，在这一带颇有名气。话不多，但作品不少，他拿出几张珍藏的清代杨柳青版画，用十分惋惜的口吻说：可惜现在很多人不懂画了。

他又拿出一张五颜六色的年画说："你们看这幅画，我特意要来了，在全国年画会议上，这就代表了杨柳青的年画，糟蹋啊！其实我们现在对非物质文化遗产的重视程度远远不够，认知水平也太低，有些负责这方面工作的干部，却不懂这方面的知识。"

他的话使人感觉到，杨柳青年画好像就是他的恋人一般。运河文化给予人们的情感与思想的魅力，正是民族文化的基石啊。

如果各个时代的人们都能够如此爱恋这条命运坎坷，却又任劳任怨、知书达理的河流，那么她还会是如今这样吗！

沿运河走来，艺术家们见到了运河沿岸各地风情，挖掘出不少运河文化的遗产。有些地方确实还谱写了运河新篇，孕育出运河两岸新的时代宠儿，如体量庞大的运河博物馆、新建的运河广场、藏在运河边的各色咖啡小屋、各式各样的小吃街，还有夜晚沿河的五色灯带……运河好像变成了一个现代、时尚的女人。

但是，在过去的千百年中，是谁对她进行了伤害？她心灵中的创伤是否已经抚平？怎样才能使她在历史风云中，又挺直腰板，擎起中华民族的文化旗帜前进？这些问题可能还没有引起更多人的思考。但无论如何，中国大运河，绝不能是一个表面光鲜、迎合歌舞升平的商业化工具。

与长江、黄河相比，中国大运河，她的绝色又在哪里？黄河文明是中华文明的核心。中国历史上的五帝时代，即黄帝、颛顼、帝喾、唐尧、虞舜所代表的上古文明，以及夏、商、周所代表的河洛文化，都显示出黄河文明不仅是一个地区性文化，而且是延续了约两千年的王都文化，是中华文明最核心的载体。在这一历史阶段中，国家形态以"家天下"的政权体制出现，当时的氏族主要在黄河中下游地区繁衍、生息、发展，创造了灿烂的早期黄河文明。在这时的华夏大地上，城郭出现，邦国林立，农业生产开始社会化，手工业渐渐专门化，礼制也开始规范化。与此同时，贫富开始分化，阶级产生了。这时的黄河文明处于大交融的形成时期，可以被称为邦国文明，也可以说是华夏文明的初级阶段。

长江文化是以长江流域特殊的自然地理和人文地理为优势的，是以生产力发展水平为基础的具有认同性的文化体系，是长江流域文化特性和文化归结的总和。从其生存空间来说，除长江流域包括的西藏、四川、重庆、湖北、湖南、江西、安徽、江苏、上海等多个省、自治区、直辖市外，还包括了贵州、广西、广东、福建、浙江等省区。这些地区处于长江水系的干流或支流区，而且在文化体系上也同出一辙，属于中国楚文化的体系。因此，我们可以说，长江文化是一个时空交织的多层次、多维度的文化综合体。

而独具特色的运河文化，不仅是中华民族多元一体文化的重要组成部分，而且对中华民族多元文化的形成和发展起着重要的推动作用。运河文化以其博大的包容性和统一性、广阔的扩散性和开放性、强大的凝聚力和向心力，加强了作为中国传统思想文化发源地的中原地区与江南地区的文化交融，进一步把汉唐的长安、洛阳，两宋时期的杭州，与金、元、明、清几个时期以北京为代表的文化中心联为一体，从而使各个区域文化融合成为中华民族的多元一体的大一统文化。同时也使运 河流域成为人才荟萃之地、文风昌盛之域。

运河文化以平和的心境、容纳百川的胸怀所做出的贡献，已远远超过历代帝王的政治与经济的需求。她成了我国民族文化深入融合与文学艺术创造的摇篮。

这种格局与文化特点，让人联想到晋代时王羲之、谢安等人在绍兴兰亭举行祭祀仪式的 " 曲水流觞 "。这种习俗何时形成，有无特定的文化蕴含？这个问题已经争论了 1700 多年，至今依然众说纷纭。其中有一说认为，此风俗应来自《礼记 · 月令》：" 是月也，天子乃荐鞠衣于先帝。命舟牧覆舟，五覆五反，乃告舟备具于天子焉，天子始乘舟。荐鲔于寝庙，乃为麦祈实。" 意思是：这个月，天子向先代帝王，进献桑黄色的礼服，以祈求蚕事丰收。命令主管船只的官员将船翻个底朝上，检查有无漏洞，这样翻来覆去地检查五遍，才向天子报告说舟船准备停当。天子这才开始乘舟，向宗庙进献鲃鱼，以祈求麦子颗粒饱满。

东汉时期著名文学家蔡邕（133—192），字伯喈，今河南省开封市圉镇人。他是著名的书法家，同时也是著名才女蔡文姬之父。他所著的《章句》中有 " 乘舟禊于名川 " 之句。也就是说，" 曲水流觞 " 风情中的酒杯，是 " 舟 " 的象征。但 " 乘舟 " 的意义何在呢？至今不详。不过，将酒樽视为舟船，已经给人无限的想象空间。

在《遇见大运河》的创作者眼中，这小小的祭祀礼仪，就与大运河延绵 2000 多公里的曲水如此相像。运河贯穿的五条江河，以及其沟通的诸多水脉，如同是诸位风流雅士，在曲水两岸席地而坐，收获曲水带来的吉祥与祝福。无论是隋炀帝，还是乾隆帝，都成了这经由京杭大运河五省一市的 " 曲水流觞 " 中的一位角色。

也许他们之间根本就没有任何牵连，但创意 " 曲水流觞 " 的古人，与开凿运河的皇帝，在精神上是有相似之处的，这就是中国古代哲学所谓的 " 以水为本，以天人合一为荣 "。多少个世纪过去了，但中国人的这种情怀，虽然经历了坎坷与风雨，却世代传承了下来。

现在，浙江省提出的 " 五水共治 " 以水为本，就是传承了古代先贤们 " 以水为本，以天人合一为荣 " 的哲学思想。一个政府能以治水为纲，一定是为百姓着想的政府,不然"大禹治水"的故事怎么会流传至今呢!如果我们世代的政府都能有此远见，以治理环境、传承优秀民族文化为本，大运河的命运可能就会有根本的改观了。

在创作排练的过程中，艺术家们就以"五水共治"为主题，创意了行为艺术《水的故事》，并吸引了众多不同年龄的男女老少。他们来自社会各界，其中有生活在运河沿岸的居民，也有医生、演员、律师、教师、工人……甚至还有几位七八岁的孩子。他们的父母说，想让杭州城中运河的水、西湖的水、钱塘江的水沁入孩子幼小的心灵。水的文化能够塑造杭州这座城市，也能塑造一个人的灵魂。

来自浙江省绿色环保组织"绿色浙江"的忻皓，是一位有着14年环保经历的志愿者，一直从事于水保护的工作。他在排练厅看了这场剧的排练演出后，深情地说:

"我内心真的不能平静，我真的非常非常感动，因为我对于大运河也有这样的交集。2006年的时候，我曾经两次从杭州到北京，而且是带着一群志愿者一路北上。这场舞台剧唤起了我那个时候的记忆。因为现在大运河的江南这一段航运还是比较发达的，一直可以通到微山湖。但再往北已经不能通航了，在最窄的地方，只有差不多30厘米这么窄，但是它依然承载着过去的那段历史。

"各位刚才的排练，让我们感受到了千百年来承载着我们的这种厚重的爱，我觉得在世界上有许多大山大河都有属于自己的、非常棒的音乐作品、艺术作品。比如说多瑙河有《蓝色多瑙河》《多瑙河舞曲》；科罗拉多河有《科罗拉多河月光》；可能最有名的是捷克著名作曲家斯美塔纳的《沃尔塔瓦河》；在我们中国，长江有《长江之歌》，黄河有《黄河颂》，但是我的内心一直在想，对这条世界上最长的大运河，有什么样的艺术作品能够去表达这样的一种情感？今天受到崔巍导演这么棒的作品感召，我内心非常感动，真的祝贺大家，祝贺崔巍导演，祝贺杭州歌剧舞剧院。

"钱塘江也是浙江的母亲河，其实钱塘江对于大运河来说还有其他的意味。它是运河的起点。在去年8月份，我本人和我们1800多位杭州市民一起横渡钱塘江，全程1.6公里。应该说，在这个过程中，我们真正地体验到了水对我们有多重要。

"我现在稍微展开一下，就在大运河和钱塘江的交汇处，是我们杭州的三堡船闸。在它的对面——如果大家有机会，可以去看一看——那里有一座碑，树碑的人是我们杭州的一位市民，一位已经逝去了3年的市民。他叫汪耀祥，他在癌症晚期的时候，依然忍着剧痛，骑着自行车，跑到我们钱塘江的上游、中游和下游，实地发现了很多问题。他同时也做了一些事情，在他的晚年，甚至在他弥留之际，他开始用电脑，开通微博，开通qq，用网络传播着生命的意义，以及他对母亲河的理解。他认为钱塘江的治理还存在很多问题。虽然钱塘江畔已经有了很多警示牌，让大家不要下河游泳，不要洗衣服，但就是没有一块警示牌，请大家不要往钱塘江里扔垃圾。当我听说老汪的这个心愿之后，就在钱塘江的南岸和他一起竖立起了一座碑。那座碑上没有豪言壮语，有的只是一句平淡的话：请不要向钱塘江扔垃圾，那是母亲河的笑脸。

"老汪其实是我大学宿舍楼的楼长，他退休以后有很多的选择，但是他选择来到大学，当一名宿舍管理员。

"我毕业于浙江大学，是1999年入的学。14年前，我曾经骑着自行车环游过我们浙江，用了36天骑行2000多公里宣传环保。从此也诞生了我们浙江历史上第一个民间环保组织，就是今天的'绿色浙江'。当时我把这个消息第一个告诉了老汪，他动用了他一点点权力，在宿舍楼里给我们找了一间房子当办公室。老汪也是第一个给我们 ' 绿色浙江 ' 捐款的人，当时他的工资只有 800 块钱，却给我们捐了 1000 块钱。老汪坚持买了五六年的体育彩票，总是梦想着中 500 万，他想可以用 400 万在杭州的街面给我们买一栋上下两层的房子，二楼他自己住，一楼给我们办公用，这样他过来做义工也方便一点。

"2010 年当老汪被查出来得癌症的时候，他就说，想用生命当中最后一点光亮去多照着一些人。老汪当时有两个遗愿，第一个遗愿，是他走的时候希望头戴志愿者的帽子，身穿志愿者的衣服，这个遗愿他实现了。他最后走的那一天，我们给他都准备好了。他的第二个遗愿，是为了他女儿。在他病重期间，他的女儿辞了职照顾他。他跟我说：忻皓你脑子好，帮我给女儿写一份简历，他甚至连怎么做简历都策划好了，而且非常仔细，封面是怎么样的，打开扉页后底图是一个非常现代化的企业，比如说阿里巴巴这样子的，然后上面七个字：工作着是美丽的。

" 这就是老汪一生的写照，今天从你们的身上，我也看到了：工作着是美丽的。对于你们来说，你们是用艺术作品，用你们的音乐、舞蹈，去感染我们这么多的人，让更多的人能够行动起来，保护我们的母亲河，谢谢你们。"

导演听完这个故事，眼里噙泪，缓缓地站起来说：" 这个故事很感人，我刚才听到了很朴实的几个字：不要向钱塘江扔垃圾。我们今天没有给大家展示的一场，也就是第三场。在这场里，我们在舞台上设置了一个道具，在开场的时候，天上始终飘落着这样的垃圾；而在最后一场，整个舞台是用我们孩子们的身体把它打扫干净的。所以今天听到这个故事以后，我想我们的孩子们会更加努力把这个作品演绎好，我们的目的就是实践这位志愿者所说的话，就是要用我们的行动唤起更多的人对我们自己的母亲河、对我们的传统文化、对我们的自然环境的热爱，谢谢你。"

来到排练厅观看排演的观众中，年龄最小的唐佳蔚只有5岁，孩子也许还看不懂剧的内容，但是演员们排练时入神的表情、观众们深受感动所呈现出的动人氛围，同样沁润着孩子的心灵。

她举起小手，也要发言："大家好，我叫唐佳蔚，今年5岁了。上次妈妈带我去划船，我很想玩水，但是妈妈不让我去玩，说水太脏了，万一弄到身上会长包包，而且家里喝的都是烧好的矿泉水，因为之前说河里有那些死猪什么的。听爸爸妈妈说，以前他们小时候都在河里游泳和洗澡，为什么我就不能像他们以前那样子呢？希望大家好好爱护运河，不要伤害她，让她变得更美丽！好吗？"

北运河边清理运河的工人

拜访非遗传人年画张

北、南运河天津三岔河口段

14 绚丽朝霞的报信者

尼采说艺术世界是由两种精神构成的，一种是 " 梦 "，梦的境界是无数的形象；另一种是 " 醉 "，醉的境界是无比的豪情。梦的境界使我们体验到，在运河中至今还游荡着 2000 多年来无数开凿者与继承者的灵魂，是他们繁荣了我们民族的文化，改变了我们的生活形态。在醉的豪情中，诞生了我国文学艺术中不朽的杰作，使得运河成为世界文化遗产中的宝贵财富。如果年轻一代的艺术家不能理解这种梦与醉的境界，便很难站在民族文化的基石上去创造、开拓与传承。

这种精神不但是《遇见大运河》创作的思想源泉，同时也贯穿在艺术家们的整个艺术行为中。他们不但要把运河文化所构筑的梦与醉，留在运河沿岸，还要把这种精神传递给年轻一代，这才算完成这次作品创作的全部过程。因此，《遇见大运河》在运河沿岸掀起了一股 " 把高雅艺术送进校园 " 的风潮。

《遇见大运河》就像一股时代的清风，从杭州的浙江大学、浙江理工大学、浙江工业大学、浙江工商大学，一直吹到了宁波、湖州、嘉兴、绍兴的十几所大专院校，又碰到了一系列意想不到的校园奇迹。

尤其难忘的是在浙江农林大学演出的那天，很冷，还下着雨。观看演出是学生们自发的行动，当天又是周末，所以大家都很担心到场观众的人数。在离演出还有半个小时的时候，文静一溜小跑过来，笑脸绽开了花：同学们来了，不是三三两两的进来，而是成群涌进来的。

现在 "80 后 ""90 后 " 的年轻人，对民族传统文化的感情是复杂的。在那些所谓的明星演唱会上、在庸俗不堪的热播影视作品中、在光怪陆离的灯光中，年轻人声嘶力竭与近似癫狂的模样，让人为民族传统文化感到悲哀。

现在看着他们面带微笑走进剧场，孩子们高昂的情绪，随着这部现实主义作品中人物的喜、怒、哀、乐，而时喜时忧、跌宕起伏，呈现出一股强大的气场，始终在剧场上空回荡。

在演出结束后，出人意料的一幕出现了。一位瘦高个的男生，戴着一副黑边眼镜，看上去文绉绉的，但掩饰不住满脸的稚气，他急匆匆地跑到导演面前，久久地一鞠躬，弄得导演不知所措，半晌才扶起他来。

演出结束后，跑上台向导演深深鞠躬的男孩王伟东

男孩说：" 导演，非常感谢你创作的这部作品。以前我不知道大运河，今天在这里遇见了它！ "

两位美丽的韩国姑娘，她们是留学生，跑到导演面前，有些腼腆地问：" 是否可以与你合影？ "

导演笑着问她们：" 你们看懂了吗？ "

她们用带着韩国口音的中文，急切地答道：" 看懂了，看懂了，伟大的中国运河！ "

在校园巡演的过程中，看着满场攒动着一张张充满阳光的笑脸，听着他们双手所拍出的热情而美妙的掌声，真觉得他们就是传承民族文化的使者，是绚丽朝霞的报信人。为什么以前就没有注意到现代年轻人那种炽热的文化情怀呢？当他们对民族文化的热情，与《遇见大运河》碰撞的时候，迸发出来异常美丽的光辉，从这光辉中，可以遇见中国的未来，遇见大运河的未来。

其实，靠几场演出是不可能将中国大运河及她所承载的民族历史文化渗入到所有孩子们的心灵中去的。但是现在关于运河，除了大量仅仅是介绍性质的书籍外，有几本书真正从历史文化的角度，探讨运河开凿与兴衰的深层次理论书籍呢？现有的大部分书籍资料，都是罗列了运河开凿的历史事实，而没有从科技、文学、艺术、工艺、文化遗产等多方面综合性地去探讨运河的开凿与兴衰，以及她在民族发展史中的作用与功绩。

与此类似，现在也很难找到能够系统研究我国古代科学技术之所以能领先于世界的理论书籍。具有几千年历史的我国中医学，流传至今的只有药典及《本草纲目》《黄帝内经》等介绍医术的书籍，却没有系统研究中医学理论的典籍，这就成为我国中医学继承，以及在世界各国广泛推广运用的瓶颈。

我们在这里梳理了"李约瑟之谜"与中国大运河兴衰的时间曲线。有些观点认为，"李约瑟之谜"是伪问题，并对此做了很生动的比喻，将中国科学与西方科学比作围棋与象棋，虽同属"棋"类，却是完全不同的两套游戏，双方棋手的棋艺是根本不能类比的。

仅从棋艺上说，这种观点是成立的。但衡量双方棋手的优劣，还有一个标准，双方棋手对整个游戏界的影响，以及彼此之间所产生的影响，还是可以进行比较的。从李约瑟先生的"百川归海"之说，从李约瑟研究所梅建军所长的介绍可以看出，"李约瑟之谜"完全可以成为一个"问题"。当然，这又涉及中国古代文化与科技文明是否对世界文明的进步产生过影响，是否对西方科技文明的进步产生过影响这个论题。这一点，则是学术界的另一个问题了。

当这场具有特殊意义、规模宏大的"曲水流觞"画上一个圆满的句号时，从运河沿岸不同城市的文化内涵中，从运河人民的生活形态以及对这条历史河流的情感中，从那些至今没有定论的深奥复杂的学术争论中，我们可以得出关于中国大运河兴衰的一个基本结论：大运河的命运取决于民族文化的核心构成，而在中国古代文明核心的基础中，少有数学、物理与逻辑学的思维方式。也许，这一结论就与"李约瑟之谜"的谜底有关了。

因此统治阶级开凿运河的初衷，就决定了历代统治者必然是重"术"而轻"义"，一切都是为解决开凿与使用中的实际问题，而没有系统地从理论上对开凿运河的技术、管理，以及运河对民族文化所产生的影响，进行系统的总结与维护。

运河衰落原因的"交通说"，掩盖了运河主要的历史文化功能。否则在如今交通极其发达的条件下，为何还要将她列入人类共同的文化遗产而进行精心疏浚与维护呢？

大运河 1000 多年的历史，决定了两岸人民的生活形态。这条河流已经完全融入人们的日常行为与情感中了。这种融入成了自发性保护运河的最强大的原始力量。 因此，大运河在人口密集地段才能得以幸存下来，将她的遗产留给了世界，使之成为人类文化宝库中的璀璨明珠。

中国历史上科学技术、文学艺术、政治经济等诸多领域兴衰之谜的答案，或许都可以从中窥见一斑。

李约瑟先生在他的著作中表示：通过他多年来对中国以及中国人民的了解，他确信中国能够再度崛起。一个拥有如此伟大文化的国家，一个拥有如此伟大人民的国家，必将对世界文明再次做出伟大贡献。

这就是这部剧的创作者们如此辛苦地践行，要将舞台形象与以上的话告诉观众与读者的真正原因。

真心希望与这部书的读者，一起遇见未来的中国大运河。

15 起航

2016 年 5 月 23 日是世界环境日。那天夜晚，北京没有雾霾。国家大剧院的灯光不但华丽，而且显得格外温柔，仿佛是一位妆容高贵的妇人，在等待她尊贵的客人们……杭州歌剧舞剧院的艺术家们，今晚就将在国家大剧院神圣的舞台上，讲述关于中国古老运河的传奇故事……

其实，许多观众早有耳闻，国内众多媒体已连续 3 年用不同形式报道了这部剧的创作。尤其是这部作品的导演，本身就带有传奇色彩，她把这个故事取名《遇见大运河》，带着她的团队沿运河演出近百场，行程上万公里，让十几万观众在这部剧中遇见了大运河，并被她感动，进而理解她，爱她……想起来，真有点当年红军 " 两万五千里长征 " 的味道。难怪有媒体称这部剧是播种机，是宣传队。而今晚的演出，就理所当然地被媒体称为是大运河的一部 " 宣言书 "。

在热闹纷繁的剧院门口，一位约莫 70 多岁的老人，满脸严肃，用一口京腔诚恳地逢人就问：" 有多余的票吗……"

这时碰巧，一位剧院工作人员走过他身边，讥笑道 :" 哎呦，您老今日怎么也要买票了？ "

边上是这部剧的总票务苗成峰，他在一旁低声嘀咕：" 这剧院的人都认识他，就是一票贩子啊！"

可事情却并没这么简单，这位老人姓陆，的确是位职业倒票的"黄牛"。年轻时也是圈子里的人，演戏没出息了，以后就靠倒票为生，北京几个大剧场的人都认识他。但令人确实感到奇怪的是，今晚他怎么反倒要问别人买票呢？

原来，他老人家早早地就将好不容易搞到的 20 多张票倒了出去。在回家路上，当他在地铁口候车时，隐约听见边上有两位妇女在聊天。就是这两人的话，使他突然改变主意，又折了回来。

其中一位 30 出头、打扮时髦的妇女说：这大运河的戏，年初时在天津武清大剧院就演过，都把我老姨给看哭了！她老人家可不是一般人啊，年轻时唱的京韵大鼓也威震一方啊，当时在京、津两地谁不知道她啊！能把她老人家给弄哭了可不太容易哦。这不，今晚她还非要赶过来再瞧瞧！

那妇人说完，显得有些得意。不知是在因为她老姨还是因为这部剧而感到自豪。

这老陆一听，顿时改变主意了。说实在的，他有几年不看戏了，尤其是大剧院的戏，他以前总觉得还是天桥的戏更接地气。但听了那位妇人的话，好奇心使他倒真想瞅瞅，今晚这戏到底是什么东西那么有魅力！

因此，这才有了刚才那一幕。

被这部剧吸引的不止老陆。看完演出后，联合国环境规划署驻华代表的官员张世刚，这位看似有些城府的行政官员，这时竟动情地说：这部剧是献给世界环境日最好的礼物！它最具价值的是运用了艺术的形式，讲述了对自然环境与文化遗产的保护，提出了文化发展与环境保护的新思路。他邀请艺术家们把这部作品带到联合国去演出，演员们听罢，顿时欢呼声一片……

而慕名而来的法国尼斯市副市长弗兰克·齐克里斯先生对此从另一个角度提出了自己的看法。演出结束后，他上台说：我觉得这部剧从某种意义上讲，更具价值的是为国外的观众进一步了解中国，以及中国大运河的历史文化，开启了一扇独特的窗户……他也当即盛情邀请导演携这部作品参加 2017 年在戛纳举办的国际艺术节。

导演崔巍的恩师张继钢，带着全家来为他的爱徒捧场，他对这部作品自然也有自己的看法。在 2008 年北京奥运会时，崔巍是他点名邀请的执行导演。在两年多的共同创作中，因为他极其苛刻的艺术要求，好几次都把崔巍给 " 骂 " 哭了……今天，他的评价虽然精练，但仍然是苛刻的。他不动声色、一板一眼地说：很精彩，有想法，是部好剧！但艺术上还有提升的空间啊……瞧，这就是张继钢的作风，他对自己的艺术作品也一样，总是能找到还能提高的 " 空间 "。

而对于那帮跟着导演踏遍运河沿岸，在国内行程 2 万公里有余的年轻演员们来说，能有机会在国家大剧院演出，当然使他们惊喜万分，但对今晚这场特殊的演出，他们也都有自己的看法。尤其是女演员们，一下场就叽叽喳喳地议论开了，有的说今晚没演好，刚跳开了，戏就结束了；有的说今晚好紧张，差点忘台词了；女主角更是有些沮丧，她显然是觉得今晚的发挥没有展现出自己的最好水平……

那观众们呢？观众的反映是什么？观众的评价，往往会在创作者的艺术生涯中铭刻上永恒的记忆。那晚演出结束后，观众们迟迟没有离开。套用一句名言来描绘现场会比较准确：一百个观众心目中，有一百个哈姆莱特。演员谢幕结束，许多观众就在座席上开始讨论各自心中的"运河之水灵"了。

在观众中还有非常特殊的一家人，男主人是著名建筑学家郑孝燮先生的儿子。郑孝燮先生今年已经101岁高龄了。去年冬天，导演专程拜访他老人家，当他听说这部剧将在国家大剧院演出时，有些浑浊的眼里顿时放光，他就像小伙子在恋爱时确定约会般激动地说道：我一定要去的哦！

但今晚，这位百岁老人实在走不动了，所以他委托儿子带着一家人赶来了。演出结束，这一家子久立台下，不肯离去。老人的儿子手握节目单，满眼噙泪。此刻，也许是在剧中，他看到了父亲当年在运河边考察的身影；也许是在剧中运河水灵的舞蹈里，见到了父亲对大运河美好未来的深情憧憬……

开演前，导演不时在人头攒动的观众席中寻找给予她创作灵感的著名词作家乔羽先生的女儿，结果却令她失望。

但在演出刚结束，导演却意外收到了乔羽先生女儿转发来的一位观众的一则短信，在转发的消息后面，乔羽先生的女儿还专门补写了一句：超一流精彩……服了……这个挑剔的朋友这么评价，真为你高兴！

导演看后，露出一丝微笑。

接着，她静静地在一旁，认真地听着对这部作品的不同评价。但在最后答谢时，她深情地对演员们，对上台与演员们见面的各界人士说了自己的心里话：3年来，我们就像是滔天波浪中的一艘小船，从首演的舞台大幕打开的那一刻起，我就感到我们的创作承载了历代开凿运河几百万先祖们的夙愿，承载着中华民族复兴的希望，我们正努力朝着世界文化的海洋启碇扬帆！我们愿意成为沟通世界各地运河的使者，让不同国家与民族的人民，把各自运河中所流淌的智慧与血汗，凝结成促进对人类生存环境的保护，促进对文化遗产的保护，推动世界和平发展的一股鲜活的艺术力量。

在热烈的掌声中，票贩子老陆久久地站在台口角落里，默默地看着这一切，这位在文艺圈也混了大半辈子的老人，这时他干瘪的脸上表情虽然依然严肃，但却像是在思考着什么……

当然，这部作品不是舞台艺术的顶峰，但它准确表达了这个时代的人对民族文化的认知，对自然环境与文化发展相互关系的认识。即使在若干年后，这部作品的艺术结晶，依旧能折射出那个时代的光辉。

这就是这艘小船在滔天波浪中，朝着世界的海洋奋进的主导旋律……此刻的这一切，预示着它与首都的观众，在国家大剧院共同见证了舞蹈剧场《遇见大运河》世界巡演的序幕的揭开——这是关于世界大运河历史文化的篇章……

萧加

国家一级导演，曾就读德国特里尔大学，硕士。2007年荣获杭州市人民政府颁发的『文艺突出贡献奖』。

参加2008北京奥运会开闭幕式创作团队，荣获2008北京奥组委及奥运会开闭幕式运营中心颁发的『优秀个人奖』。

曾获国家广电总局文艺最高奖『星光奖』，其中《阿姐鼓》还获得第七届亚洲（日本）电视节评委会特别奖，以及浙江省优秀导演称号。

在舞台剧与大型文艺晚会的创作中，融合了影视艺术与大地艺术的创作元素，形成了自己的艺术风格。其中担任艺术总监的舞蹈诗剧《阿姐鼓》获国家文化部『文华奖』等多项国家级大奖，入选国家精品工程。

著有《中国乡土建筑》《中国民居》《给未来的信》等著作，获得国家新闻出版总署颁发的『中国文艺图书优秀奖』。

Xiao Jia

后记 · Epilogue

在最后，笔者要介绍一位还在校读书的学生。《遇见大运河》曾在他就读的学校演出，在谢幕时，校领导们上台慰问演员们，那位学生竟然也夹在队伍中，上台同与他年龄相仿的演员一一握手，嘴里一个劲地念叨着：太出色了，演得太好了！以后接连几天，他一个劲儿地发来微信问：你们又在哪里演出啊？他把这部描写大运河的剧看了一遍又一遍。当问起原因时，他讲起了一个耐人寻味的故事，那是他的老师讲过的一个故事：

有一位作家，喜欢住在乡村，最喜欢带着他的女儿到附近森林去玩。有一天，一位文学青年慕名而来，说自己写的东西总是被退稿，想请教文学创作的经验。

夏日，太阳热辣辣的，那位年轻人远道赶来，还走了 2 公里山路，到作家在森林边的小屋时，早已大汗淋漓了。

作家要女儿端来一杯白开水递给那个年轻人。

他一饮而尽，痛快地抹抹嘴说：老师，我崇拜您，欣赏您的作品。刚读似乎有点难懂，但静下心来读懂的时候，我往往会热泪盈眶，当我耐心地剥开您作品中的那些看似毫不经意的细节时，我却看到了小时候与父母在寒冬中艰难生活时，所期盼的那种温暖的火焰。

作家笑了，打断了年轻人的话，看着他额头上仍流淌着豆大的汗珠，有些爱怜地说：再喝杯水吧！这次，他招呼女儿端来的是一杯呈深紫色的水。

年轻人有些疑惑地接过来，犹豫地呷了一小口。顿时，他感到有一股清凉与甘甜滋润了他的全身心。年轻人睁大眼睛仔细打量起手中的饮料，情不自禁地问：这是什么饮料？从没喝过！是什么东西做的？好喝啊！

作家笑着说：你不知道吧？年轻人使劲点头，他确实从未尝到过这种奇怪而可口的饮料。

作家意味深长地说：这是我和女儿每天早晨在森林深处采摘的一种野果子酿的。这时，作家眼里掠过了一丝狡黠的闪光，他问年轻人：你刚才喝白开水时，怎么没有这么多的提问呢？年轻人瞪大眼睛看着作家，又看看杯中的饮料，许久说不出话来……愣了半晌，他似乎明白了，激动地握着作家的手说：老师，我懂了！

文艺作品过于直白，只能一时解渴，只有深入到森林深处去寻觅野果子，酿出使人解渴、回味、联想、思考、百喝不厌、具有永久魅力的饮料，才能引起人们美好的回忆，拨动灵魂深处的心弦。

法国著名雕塑家罗丹与中国国画大师黄宾虹先生，当年在评价自己作品时都说过：我的作品，可能要50年后，人们才能真正读懂。将近一个世纪过去了，这两位大师的作品在人类文化艺术的天河中，正闪烁着永恒的光辉。

从那个孩子所讲的故事中，从这部剧巡演过程里所看到年轻一代对运河文化的觉醒中，我们知道了，《遇见大运河》这部剧，以及她的创作过程，对于当代中国舞台剧创作以及对运河文化的传承所起的影响，也需要若干年后才会有一个比较客观的评价！

萧加

2016年5月16日

幕。

第一幕
Act 1

A
开凿

大运河是中华民族繁荣昌盛的大动脉。
她以人类不曾停滞的智慧与创造将
海河、黄河、淮河、长江、钱塘江沟通连成一体，
代表了农业文明时代的最高水运工程技术成就。

舞台中主创团队激烈地辩论创作的核心精髓。
他们从各自的视角，从运河边遗存的建筑、码头，
从当代河边的“遗产小道”中寻觅大运河文化的灵魂。
这时画面定格、时空交替。在观众面前呈现出了运河开凿时的壮观景象：
在浓云倾压、风雨交织中，深沉、浑厚的泥土壮观、鲜活地出现了……
当激烈争论的艺术家们感受到眼前的壮观景象时，
他（承望）情不自禁地靠近了她（水灵）。
由此迈进了大运河的时空世界……

The Grand Canal is the main artery that keeps Chinese nation prosperous.
She links the five major rivers system of China together: the Haihe River,
the Yellow River, the Huaihe River, the Yangtze River and the Qiantang River.
Consequently the Chinese nation become a community that
shares weal and woe, life and death.

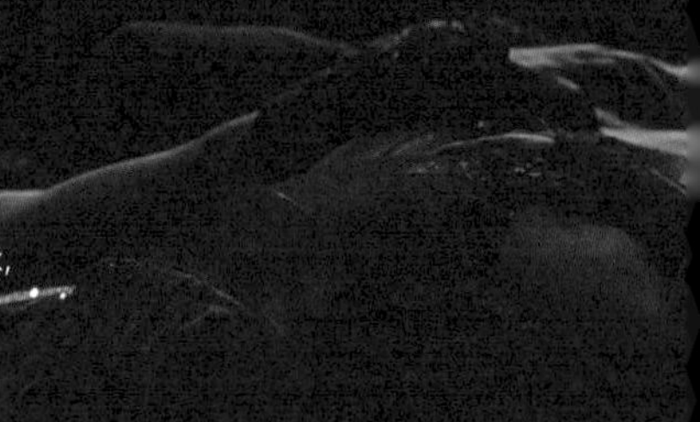

The major creative team of the drama discussed fiercely about the essence of the art
composition of the Canal. Every one had been using their own expertise to
examine the remaining architectures, ports and cultural heritage from along the bank,
to discover the soul of the canal culture.
Right at the time of their developing and argueing......

The magnificent view of excavating the canal is to be shown to the audience: in the
interweaving of wind and thick clouds, the thunder constantly sounds. The water of
canal came out of the deep and thick earth soil,
a drop of water flowed into the thousand-year-history of the canal......
she (Shui Ling) has witnessed the development and the history of the canal.

When they see the magnificent view during the fierce argument,
he (Cheng Wang) couldn't hold himself from approaching her (Shui Ling) any longer.
Walking into the world of the canal......

A
Excavation

开凿

生命。水。泥土

2008北京奥运会主创团队时隔6年，再担重任，

完成历史使命，向世人宣誓保护大运河的决心。

17年前舞蹈诗剧《阿姐鼓》原班主创全力投入，

《阿姐鼓》曾开创国内舞蹈诗剧的先河，

先后获得了全国舞剧展演 7 项大奖和文化部文华导演奖。

曾为《加勒比海盗》、《珍珠港》等影片作曲的好莱坞作曲家

克劳斯·巴德尔特，以多元文化视野解读中国民族文化特征，

创作出交融共通的史诗般旋律。

为尊重大运河真实、完整的历史与文化，创新设立文化遗产传播顾问，

以使剧作在传播文化遗产过程中更加严谨、有效表达。

It has been six years since the 2008 Olympic Games;
the creative team returns carrying the burden of the nation to complete the mission of history, to claim to the world the determination of Chinese people to protect the canal.

17 years ago <Sister Drum> was the pioneer of domestic choreopoem, the team received 7 national dancing awards and Wenhua Award from the Chinese Ministry of Culture.

The Holywood composer Klaus Badelt who once made music for <Pirates of the Caribean> and <Pearl Harbor> also took part in the drama, he could interpret the national culture of China from a western aspect , composing a melody of the east blended with the west.

To respect and honor the historical facts of the canal,
canal experts from Chinese Heritage Society was specially invited to the project as the culture heritage promotion consultant , so the drama can be of more cultural and historical accuracy, and effectively expressed.

A
开　凿
Excavation

A
开　凿
Excavation

第二幕

Act 2

B

繁荣

他（承望）跟随着她（水灵）的脚步，看到中国大运河在
各个历史阶段创造出的一幕幕辉煌。
他看到了运河边的小桥、流水、人家；
他看到了运河两岸璀璨的民间文化；
他看到了漕运的诞生，发展。
他被她的繁华与美丽震撼；

他时而感受，时而审视，经历着她曾经的辉煌。他被她深深地吸引，他爱上了她，这种“爱”正是他对运河优秀传统文化的崇敬与爱恋……

Following her (Shui Ling) step, he (Cheng Wang) has witnessed
the glories of the canal in every phase of Chinese history.

He has seen the bridges, streams and families near the canal;
He has seen the bustling folk culture incubated by the canal;

He has seen the birth of the grain shipping and the prosperous it brought;
He was surprised by her prosperity and beauty;

Sometimes he sensed, sometimes he examined and experienced the glory she once had. He was deeply attracted by her, he fell in love with her. This love represents his respect and affection towards the splendid traditional culture of the canal.

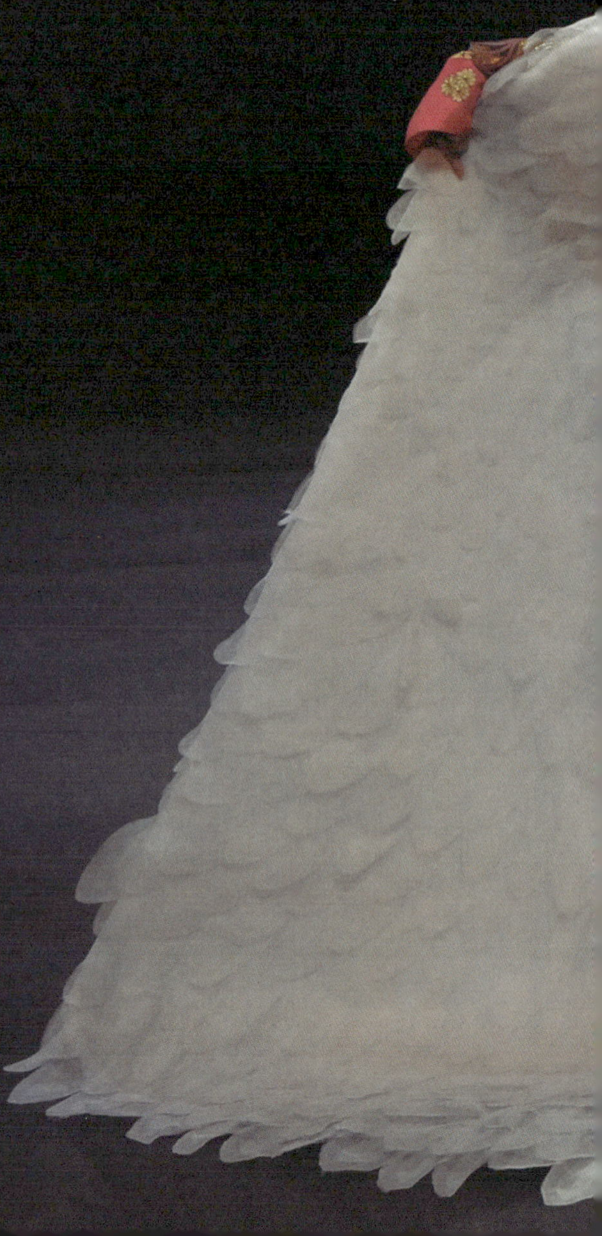

B

Prosperous

繁荣

漕運

。

運河人家

。

風俗

B

繁　荣

Prosperous

全剧贯穿两条主线。一条是寻踪大运河历史时空的艺术家；一条是以“开凿、繁荣、遗忘、又见运河”为脉络的千年文化遗产。两条情节线错综交织，引导观众从全新的视角重新理解这条流淌千年的运河，体验其所蕴育的文明与智慧。

剧中男主角即是一位创作《遇见大运河》的现代人，他代表着现在的我们；女主角则是千年的那一滴水，她代表着运河历史。因为有了这一滴水，运河才汇聚而成。这一滴水带着我们看到了运河两岸经济、政治、文化的兴衰枯荣。

在呈现“开凿、繁荣、遗忘、又见运河”的同时，男女主角的相知、相离、相爱，则生动展示了人与自然、当今社会与文化遗产保护之间的相互依存。

According to the theme, two clues were set up. One is about the artists who tracked down the history of the Grand Canal;
The other is the thousands-of-years history context of the Grand Canal, a storyline sequenced in "excavation, prosperity, forgotten, nirvana (rebirth) and meet the Grand Canal again".
The two storylines weaving together, making it possible for the audience to examine this canal of thousands of years, and to experience the wisdom and the culture the people of the canal had created.

The leading actor is an artist from the creative team of <To Meet the Grand Canal> he represents modernity; The leading actress is a drop of water, she represents the history of the canal.
The drop of water will show us the tour of the rise and fall of the canal along with the riverbank economy, politics and culture.

While presenting the history of thousands of years of "excavation, prosperity, forgotten, nirvana (rebirth) and meet the Grand Canal again", the drama also tells the story of a pair of lovers from their encounter to their love and finally their breaking off, their love also represents the affection towards the canal, culture and history.

B
繁 荣
Prosperous

B

繁 荣

Prosperous

五幕。

第三幕
Act 3

C
遗忘

时光荏苒，在历史车轮无情的碾压下，
运河渐渐淡出了属于她的舞台。

她被无情地挤压、破坏，而她，无力抗争……
他要帮助她；
他要为她做点什么；
他要让世人重新认识到她的美丽！

Along with the vicissitudes of eras, being crushed by the wheels of time,
the once glorious and straightway canal was gradually forgotten.

People seem to have forgotten the contribution the canal made for the national
culture and history. She was ruthlessly squeezed and devastated: the riverbed was twisted, filled
with wastes and sewage, and finally dried out and deserted......

She fought against the pressure of the dark clouds, but her struggle seemed so helpless. She
slapped the bank gently seemed like waving goodbye,the once
prosperous dock was gradually deserted, the boatman's singings also perished.

Need to help her ; Need to do something for her;
Need to make the world realize the beauty of her again!

C

Oblivion

遗忘

漠然

。

淡忘

。

觸动心灵

C

遗忘

Oblivion

一部开口说话的舞剧	A talking drama
一部没有句号的史诗	An epic with no ends
文化遗产传播的新渠道	New channels of dissemination of cultural heritage
历史的题材	Historical topic
现代的艺术	And the art of the modern
亲民的票价	The easy price of ticket
让普通百姓走进高雅艺术殿堂	Let all the common people in the palace of the highest art
以实际行动参与大运河的保护	To participate in the protection of canals

C

遗　忘

Oblivion

C

遗　忘

Oblivion

第四幕
Act 4

D
又见运河

《遇见大运河》的创作思想，不但强调艺术形式的创新，

更依据大运河所蕴含的全人类共有的价值属性

希望这部作品也能为世界各地的观众“遇见”并喜爱。

这部大运河艺术作品也应该属于世界。

作曲家克劳斯先生利用多元的音乐元素，对大运河进行了独特解读。

亲临现场，聆听跌宕震撼的大运河旋律，更是一次难得的艺术享受。

During the conceiving of the work, the director was not only expecting to be creative in art but also considering the fact that the canal is a world heritage, it should deserve to be expressed with world-class music. As a result, the reputable composer Mr. Klaus Badelt was invited in the creative team, what the director wanted was different view angles from the west for examination and interpretation of the canal, so the piece could speak with a world tongue.

D

Meet the Canal again

又见运河

不舍分離

。

幻化

。

生生不息

D

又见运河

Meet the Canal again

D

又见运河

Meet the Canal again

寻踪！当代的人们如同祖先们开凿大运河一样，
用他们的智慧与坚定，
使大运河渐渐从阴霾中焕发出全新的生机，
她又焕发出青春的惊艳，

越来越多的人们重新认识和感受到了运河在现代社会所散发出
的青春与靓丽……千年的大运河，
正以秀丽的身影、娇俏的面庞站在运河岸边。
这种美丽，一直流淌进所有人的灵魂深处。

The people tracing the canal act just like their
ancestors who excavated the Grand Canal,
using their wisdom, strength and labor to regenerate the canal from the
haze and clouds, to recover her beauty of the past.

More and more people had realized and recognized the youth and beauty
of the canal can do in the modern world......

The canal of thousands of years is now standing again by the bank with her
elegant and charming appearance.
Her winding stream flows into the deep soul of Chinese culture.

D

又见运河

Meet the Canal again

五幕。

第五幕
Act 5

E
尾声

E

Epilogue

尾声

保衛。愛。行動

横亘南北。大运河生生不息。
中国大运河，是人与自然相互交融的杰作。
由此，中华文明具有了更加丰厚的内涵。

寻踪大运河的现代人

我 觉 得 ，你 爱 上 了 她！
我 相 信 ，你 爱 上 了 她！
我 看 见 ，你 爱 上 了 她！
我 坚 信 ，你 一 定 爱 上 她！

我 想 ：我 们 大 家 都 已 经 爱 上 了 她！

The endless flow of the canal never stops,
it resembles the firm and relentless spirit of Chinese nation,
converges the mutual love into the canal of minds and souls......

The Grand Canal of China is the masterpiece of human creation,
through this masterpiece, Chinese civilization had revealed
more gradient details and profound connotations.
The Grand Canal of China is the spectacle of human life, because of
the spectacle, Chinese civilization shows more vivid saturation.

[the modern people who are tracing the canal]

I can feel you are in love with her !
I believe you are in love with her !
I can see you are in love with her !
I am so convinced, you must be in love with her !

I think : we are all in love with her !

E

尾　　声

Epilogue

E

尾　　声

Epilogue

保護運河
2016.01.20
世界巡演走进新加坡

你我同行

E

尾声

Epilogue

本剧演出是一项综合艺术工程，
从观众进入剧场内，
看到大运河文化遗产介绍影片、
有着特殊意义的心愿瓶，
到剧情引发观众共同参与互动，
形成了艺术创作的系统组合。

The performance is a system project of mixed arts.
The system begins with the entering to the theatre of the audience seeing the documentary in looping mode and the significant bottle of water, and ends with the interactive action the audience participate.

<<To Meet the Grand Canal>>utilizes new forms of art in stage performance. The director made a huge breakthrough during the creation by breaking the stylization of stage performance including characters, dance, language, lighting , stage art and so on.

幕后。巡演。回响
1 Behind the Scenes
2 Tour
3 Response
（三年）

幕后 *Behind the Scenes*

舞蹈剧场《遇见大运河》是来自不同地域、有着不同文化观念的艺术家和文化遗产保护工作者，向人类文明的共同致敬之作。它不仅仅展现了大运河的历史风貌，而且强烈地表达了对真实、完整的文化遗产命运的思考和判断。

Dance drama <<To Meet the Grand Canal>>is a collective work of creative artists and culture preservers from different social regions, cultural identities as a homage to human civilization.It reveals not only the historical aspect of the Grand Canal, but also fiercely expresses the judgments and thoughts towards a truthful and complete destiny of cultural reality of heritage: The value of culture heritage lies in its essence of being accomplished by people and the nature together.

遇
崔巍作品·舞蹈剧场

第二十三届
春城洋溢
华夏情
[演出]
杭州歌劇舞劇院
浙江音樂學院
Wei's Dance Drama

回收站
高平 演出
网络

To Meet the
Grand Canal

创作、表演与观赏，都是全社会在为传播大运河文化遗产助力。

这是一部能让普通百姓走进高雅艺术殿堂的剧目。

入场券不仅价格亲民，同时也是传播文化遗产的纪念品。

To create and to appreciate the drama is one of the effort we made to contribute to the application for World Heritage of the Grand Canal of China in 2014, and to promote the cultural heritage. This is a show that allows common people to enter the palace of high art, the ticket for entrance is not only inexpensive but also can be kept as a souvenir of the canal cultural heritage.
The body movement and dialogue of the actors are closely relate to the protection of canal, so is the interaction with the audience.

这是一部由台上的艺术家与台下的观众共同来完成的艺术作品。

剧中专门设计了观众与大运河的互动环节。

观众的参与与回应，使每一场演出都成为保护大运河的文化遗产传播行动。

我 们 的 口 号 是 ：

“ 保 护 大 运 河 … … 一 人 、 一 票 、 一 行 动 。 ”

This show is to be accomplished by the artists on stage along with the audience off the stage. The director has designed the interaction of the audience and the canal. The participation and appreciation of the audience together form the action to support the protection of the canal.

Our slogan is:

"Protect the canal----one person, one ticket, one action."

SEVEN
STARS

保護運河
保護運河 竹

同行
你我同行

巡演

Tour

舞蹈剧场《遇见大运河》在中国大运河沿线城市巡演后，
走向世界舞台，介紹中国大运河的历史、文化。
同时致力于打造世界各地运河遗产的联盟——这是人类共同的文明结晶。

Dance drama <<To Meet the Grand Canal>>
will be put on a tour performance along the canal bank city,
and then enter the world stage, to promote the history of Chinese canal culture.
Meanwhile the show also commits itself to the alliance with canals all over the world,
as the comon cultural heritage of mankind and crystalization of civilization.

舞蹈剧场《遇见大运河》通过“高雅艺术进校园”的方式，走近青年学生，让他们通过艺术形象了解历史、感知文化遗产、养成文化传承的自觉，一切犹可期待。

Dance drama <To Meet the Grand Canal> reaches out to young students through the campaign "Welcome High Art into Campus". This is worth expecting since students have the chance to learn about the history, to appreciate the cultural heritage, and to raise their awareness in cultural inheritance.

舞蹈剧场
遇见大運河
杭州歌剧舞剧院
HANGZHOU OPERA & DANCE DRAMA THEATRE

大運河
歌剧舞剧院

全国巡演79场
遇见12万名观众
百度词条搜索20万次
走进18座城市

中国大运河
The Grand Canal

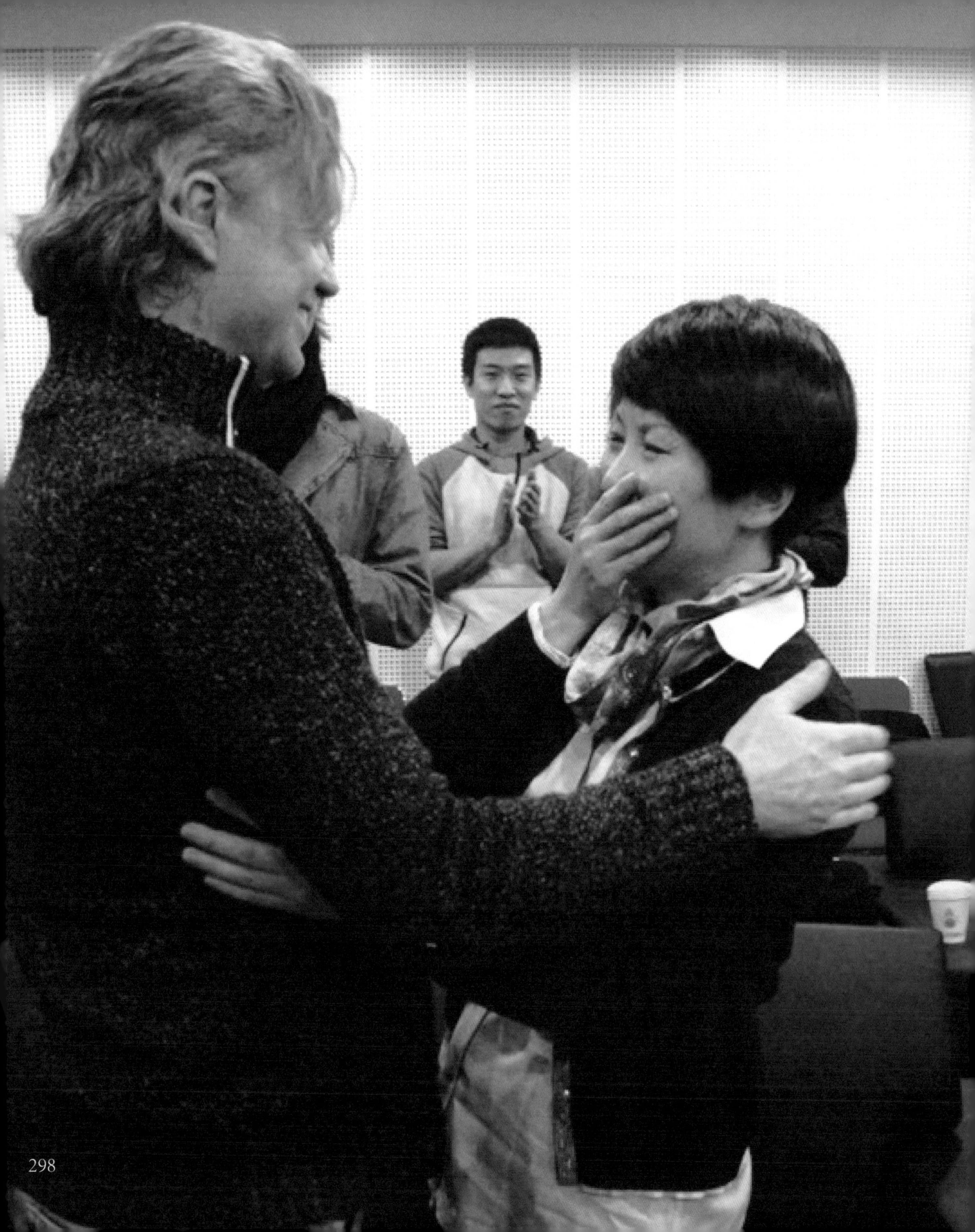

舞蹈剧场
遇见大运河
洛阳站
LUOYANG
TO MEET THE GRAND CANAL
舞蹈剧场
遇见大运河
湖州师范学院 站
TO MEET THE GRAND CANAL

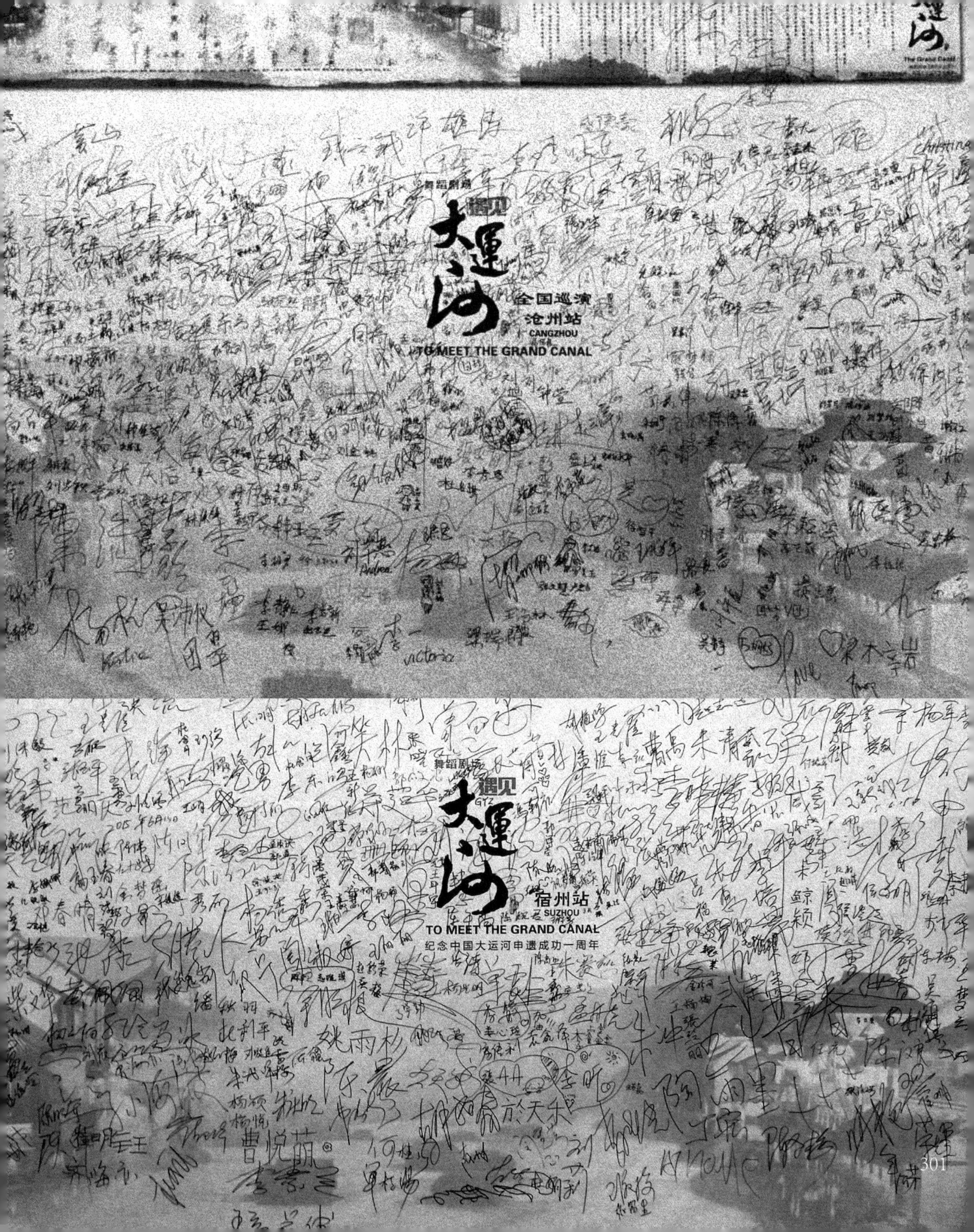
舞蹈剧场
遇见
大運河
全国巡演
沧州站
CANGZHOU
TO MEET THE GRAND CANAL
舞蹈剧场
遇见
大運河
宿州站
SUZHOU
TO MEET THE GRAND CANAL
纪念中国大运河申遗成功一周年

回响 *Response*

本剧演出是一项综合艺术工程，
从观众进入剧场内，
看到大运河文化遗产介绍影片、
有着特殊意义的心愿瓶，
到剧情引发观众共同参与互动，
形成了艺术创作的系统组合。

The performance is a system project of mixed arts.
The system begins with the entering the theatre of the audience
seeing the documentary in looping mode and the significant bottle of water,
and ends with the interactive action the audience participate.

<To Meet the Grand Canal> utilizes new forms of art in stage performance.
The director made a huge breakthrough during the creation by breaking
the stylization of stage performance including characters,
dance, language, lighting, stage art and so on.

To Meet the Grand Canal
遇见大運河
从北
助力

G20 2016 CHINA
走向世界
20 喜迎八方来宾

注意安全，把"运"带回家
2017.1.1

舞蹈剧场《遇见大运河》
国家一级导演
杭州歌剧舞剧院院长
崔巍
首届中国
大运河
国际高峰论坛
The First Grand Canal of China International Summit

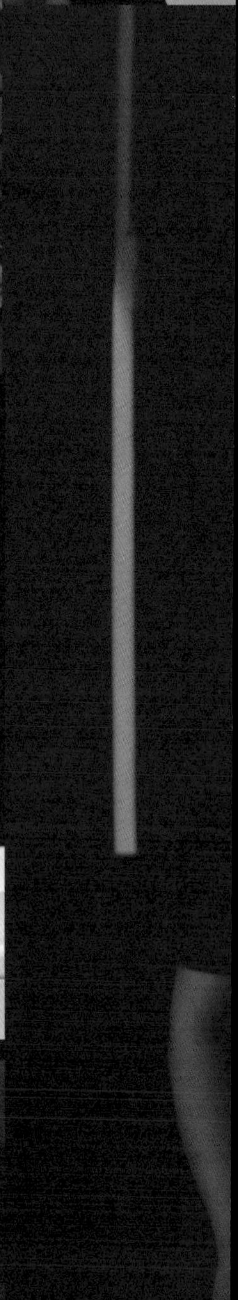

遺產之美
从北京走向世界

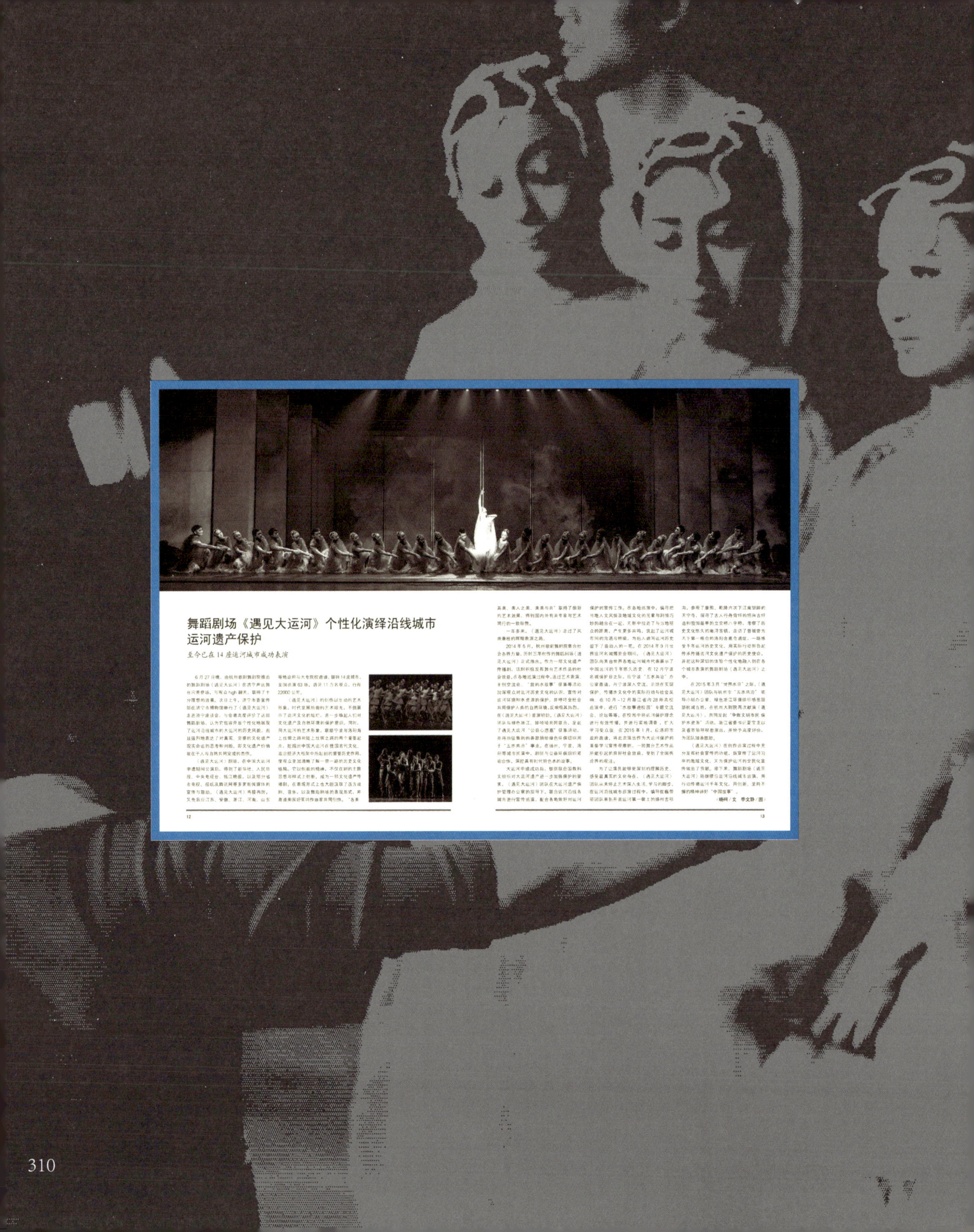

舞蹈剧场《遇见大运河》个性化演绎沿线城市运河遗产保护

至今已在14座运河城市成功表演

6月27日晚，由杭州歌剧舞剧院推出的舞蹈剧场《遇见大运河》在济宁声讯舞台闪亮登场，与观众high翻天，取得了十分理想的效果。次日上午，济宁市委宣传部在济宁市博物馆举行了《遇见大运河》走进济宁座谈会，与会者高度评价了这部舞蹈剧场，认为它包容开放个性化地展现了运河沿线城市的大运河的历史风貌，而且强烈地表达了对真实、完整的文化遗产现实命运的思考和判断，即文化遗产价值在于人与自然共同完成的杰作。

《遇见大运河》剧组，在中国大运河申遗期间公演后，得到了新华社、人民日报、中央电视台、钱江晚报，以及部分省市电视、报纸及腾讯网等多家新闻媒体的宣传与鼓励。《遇见大运河》再接再厉，又先后应江苏、安徽、浙江、河南、山东等地政府与大专院校邀请，辗转14座城市，全国巡演63场，遇见11万名观众，行程22000公里。

《遇见大运河》的创作以生动的艺术形象，时代发展所需的艺术眼光，不但展示了运河文化的灿烂，进一步唤起人们对文化遗产及自然环境的保护意识。同时，用大运河的艺术形象，联接宁波与洛阳海上丝绸之路和陆上丝绸之路的两个重要起点，挖掘出中国大运河在我国古代文化、政治经济大框架中所起到的重要历史作用，使观众更加清晰了解一带一路的历史文化格局。它以创新的精神，不仅在剧的主题思想与样式上创新，成为一部文化遗产传播剧，在表现形式上也大胆汲取了西方戏剧、音乐，以及舞蹈剧场的表现形式，并邀请美国好莱坞作曲家共同创作。“各美其美、美人之美、美美与共”取得了很好的艺术效果，得到国内外有关专家与艺术同行的一致称赞。

一年多来，《遇见大运河》走过了风雨兼程的辉煌巡演之路。

2014年5月，杭州歌剧舞剧院集合社会各界力量，历时三年创作的舞蹈剧场《遇见大运河》正式推出。作为一部文化遗产传播剧，该剧积极发挥舞台艺术作品的社会效益，在各地巡演过程中，通过艺术表演、主创交流会、“我的水故事”征集等活动加深观众对运河历史文化的认识，宣传对运河环境和水资源的保护，并呼吁全社会共同保护人类的自然环境，反响极其热烈。在《遇见大运河》首演初始，《遇见大运河》团队与绿色浙江、蚂蚁蚂蚁共同联合，发起了遇见大运河“公益心愿瓶”征集活动，并将所征集到的善款捐给绿色环保组织用于“五水共治”事业。在扬州、宁波、洛阳等城市巡演中，剧团与公益环保组织紧密合作，深挖具有时代特色水的故事。

大运河申遗成功后，根据联合国教科文组织对大运河遗产进一步加强保护的要求，《遇见大运河》团队在大运河遗产保护管理办公室的指导下，联合运河沿线各城市进行宣传巡演，配合各地做好对运河保护的宣传工作。在各地巡演中，编导把当地人文风情及地域文化的元素与剧情巧妙的融合在一起，无形中拉近了与当地观众的距离，产生更多共鸣，筑起了运河城市间的沟通与桥梁，为后人谱写运河历史留下了最动人的一笔。在2014年9月世界运河名城博览会期间，《遇见大运河》团队向来自世界各地运河城市代表展示了中国运河的千年悠久历史。在12月宁波名城保护日之际，应宁波“五水共治”办公室邀请，与宁波深入交流，以结在实现保护、传播水文化中的实际行动与社会反响。在10月-12月浙江省内28所高校巡演中，进行“水故事进校园”专题交流会、论坛等等，在校园中将运河保护理念进行有效传播，并进行实地调查，扩大学习受众面。在2015年1月，应洛阳市政府邀请，将此次演出作为大运河保护的重要学习宣传观摩剧。一部舞台艺术作品所能引起的良好社会效应，受到了全国舆论界的瞩注。

为了让演员能够更深刻的理解历史、感受最真实的文化存在，《遇见大运河》团队从未停止艺术深入生活、学习的脚步，在运河沿线城市巡演过程中，编导崔巍带领团队来到开凿运河第一锹土的扬州古邗沟，参观了康熙、乾隆六次下江南驻跸的天宁寺，探寻了古人行舟背纤的绍兴古纤道和我国最早的立交桥八字桥，考察了历史文化悠久的南浔古镇，走访了曾被誉为天下第一粮仓的洛阳含嘉仓遗址，一路感受千年运河历史文化，用实际行动担负起传承传播运河文化遗产保护的历史使命，并把这种深切的体验个性化地融入到在各个城市表演的舞蹈剧场《遇见大运河》之中。

在2015年3月“世界水日”之际，《遇见大运河》团队与杭州市“五水共治”领导小组办公室、绿色浙江环保组织感恩回馈杭城百姓，在杭州大剧院再次献演《遇见大运河》，共同发起“争做文明市民 保护水资源”活动。浙江省委书记夏宝龙以及省市领导观看演出，并给予高度评价，为团队加油鼓励。

《遇见大运河》在创作巡演过程中充分发挥社会宣传的功能，既宣传了运河沿岸的地域文化，又为保护运河的全民化宣传做出了贡献。接下来，舞蹈剧场《遇见大运河》将继续沿运河沿线城市巡演，用行动传播运河千年文化，用创新、坚持不懈的精神讲好“中国故事”。

（晓柯/文　季文静/图）

12

13

要闻

种下缤纷梦想，盼春华长成秋实

中国工程院院士、省农科院院长陈剑平——

科技助农换取村美民富

省舞协主席、杭州歌剧舞剧院院长崔巍——

把大运河搬上世界舞台

长兴天能集团董事长张天任——

技术攻关助推绿色发展

蘑菇街创始人兼CEO陈琪——

移动互联网站在风口上

西湖小红帽微笑服务

路桥戏迷献艺敬老院

新昌爱心车队尊老助老

天台法律援助消解烦忧

积蓄经济新动能

人文·文化

文脉

崔巍：

她已习惯绷直脚尖

她总想用舞蹈读懂人心

与城共舞

与这座城的风景 一起起舞

与这座城的人们 一起舞蹈

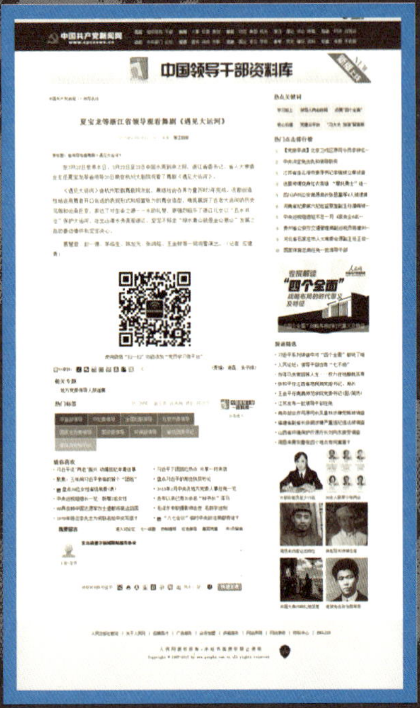
中国共产党新闻网
中国领导干部资料库
夏宝龙等浙江省领导观看舞剧《遇见大运河》

简体 | 繁体 | ENGLISH
大运河申遗
首页 新闻 历史 文化 经济 技术 地理 保护 音像 档案 城市 世界运河 简报
新闻
更多
杭州产舞蹈剧场《遇见大运河》全国...
零距离接触遗产点 百名游客畅游大运河 NEW 2014-09-15
杭州产舞蹈剧场《遇见大运河》全国巡演首赴扬州 NEW 2014-09-15
我国启动运河图志编研工作 2014-09-11
大运河：保护性开发方兴未艾 2014-09-10
景区迎客3.21万人次 游客流连"大运河第一城"赏月 2014-09-09
浙江嘉兴欲打响运河文化旅游品牌 2014-09-05
献礼运博喜迎建城 民间藏友晒藏品争当"运河骄子" 2014-09-04
安徽宿州市财政及时拨付专项经费支持大运河考古勘探工作 2014-09-02
历史
更多
南运河德州段历史文化解读：南运河… 2014-09-05
河道总督衙门的旧日辉煌 2014-09-02
70万扬州百姓"会战"运河 2014-08-21
解秘中国运河第一城与《四库全书》之渊缘 2014-08-18
追寻京杭大运河历史 2014-08-13
征集史料打造"大运河网上博物馆"… 2014-08-12
文化
更多
他把京杭大运河留在画卷中 NEW 2014-09-15
运河博物馆启动免费讲解 2014-09-11
"平价艺术品超市"苏州大运河美术馆开馆 2014-09-10
江苏扬州：举办2014中国梦… 2014-09-09
"明城墙""大运河"两张牌江… 2014-09-09
南师大学生署期走进运河沿岸古镇 2014-09-04

大浙时尚 做时尚的先知者
大浙文娱
请输入关键词
文娱首页
最佳路人
横店前线
大人物
小Q观影团
麻辣Q评
文艺谍报
综合资讯
热点推荐
杭州大剧院
2014上半年演出季
时间都去哪了——舞蹈《遇见大运河》5月杭州公演
小Q观影团
今日头条
娱乐八卦
杭州网
e杭网文娱
ent.hangzhou.com.cn
首页
杭州会客厅
娱乐新闻
文化新闻
电影电视
诗书阅读
文艺通告
书画雅集
杭网电台
聚合专题
莱昂纳多怒告八卦杂志说胡话 索偿12万元
杭网观影团
杭州歌剧舞剧院在安徽宿州《遇见大运河》 传播运河文化

产业与市场·演艺

《遇见大运河》:走在巡演的路上

本报记者 苏丹丹

"京杭运河,源远流长。世界遗产,纵贯东方。北通帝都,南拱余杭。三千余里,舟楫画舫……"在中国大运河成功申遗一周年之际,舞剧《遇见大运河》受邀到山东济宁演出,在演出前,剧组全体成员来到汶上县南旺分水枢纽遗址的运河古道旁举行了一场庄严的运河祭拜仪式,并集体诵念了上面这段祭文。

《遇见大运河》由杭州歌剧舞剧院创排,去年5月首演以来,先后在江苏、安徽、河南等省的14座运河沿线城市演出了63场。每到一个城市,主创人员都会到运河遗址去采风,走近当地百姓,感受他们对运河的那份感情。如今,这部舞剧已经走过了2.2万公里的行程,为11万名观众演出,百度词条搜索达19万次,微博话题讨论7万余次。一场场演出下来,演员得到历练,剧目本身也被打磨得更加精致。接下来,《遇见大运河》剧组还将继续他们巡演的步伐,奔赴河北、天津和北京。

舞剧《遇

导的经历让她意识到采风对作品创作的重要性。"20年前,我编排《阿姐鼓》

示:"从前在祁县运河南边的矿上上班,

了。"随队负责后

兰州演艺娱乐产业鼓

根据甘肃省兰州市政(2015—2020年)》,兰州市准、具有地方特色和民族特

根据规划,兰州市演艺为扩展点、远郊县区为支

钱江晚报 | 人文·文娱

杭歌的《遇见大运河》巡演至第11座城,风雪洛阳唤起运河记忆

大运河之舞,续上隋唐的脉

本报讯 前晚,洛阳,大雪纷飞,与室外的寒冬形成鲜明对比的,是洛阳剧院里,观众们高涨的热情——杭州歌剧舞剧院的舞蹈剧场《遇见大运河》正在上演。

如今的洛阳,其实已不见运河踪影,然而,这台杭产舞剧,将杭州的运河水引到了洛阳人的心中,也重新唤起了洛阳这座城对运河遥远而美好的记忆。

离演出开始前5分钟,一位踏着厚厚积雪、身上沾着雪花的老人,匆匆忙忙地往剧场里走,工作人员随口一问:"这么大的雪,您还特地赶来看呀?"老人掸了掸身上的雪,笑着说:"老伴是不让我来,但这是演运河的戏,我一定要来看。小时候住在洛河边,经常会听到关于运河的故事。"

去年申遗成功的中国大运河,指的不仅仅是京杭大运河,也包括曾经经过洛阳的隋唐大运河。时至今日,民间流传的"隋炀帝为看琼花修运河"的故事中,隋炀帝开凿的正是这条隋唐大运河。

隋唐大运河北抵涿郡(今北京),东南至余杭,全长2500公里。而当时的东都洛阳,正是这条运河之上的中心城市。

但到了元代,忽必烈定都大都(今北京)条直通南北的河道,也就是现在的京杭大运条运河比隋唐大运河更往东,依然连通北京却只有约1797公里。慢慢地,隋唐大运河由于年久淤塞断流,终于废弃,也让洛阳和渐远。

按照惯例,每到一处巡演,杭歌做的第就是实地采风。这次也不例外,尽管现在的存着的与运河有关的,只有一些遗址和一河水的运河博物馆。

杭州歌剧舞剧院院长、《遇见大运河》崔巍,带着杭歌的姑娘小伙们,探访了曾经通大动脉、全国漕运的枢纽——通济渠洛阳

他们还去了鼎鼎大名的含嘉仓——这仓,在唐玄宗天宝八年的储粮曾达到583万时全国主要大型粮仓储粮总数为1266万石占了近一半,所以曾有"天下第一粮仓"的美

当这座曾被埋入土下、后来又被重新来的粮仓遗址,呈现在眼前时,大家都被了。

"我们穿过了一条悠长的像是时光隧道在已被弃用的铁道旁,找到了那间小小的,就会错过的粮仓遗址。"崔巍说,"如果不是

钱江晚报 | 人文·文娱

10个月,1

遇见

遇见

本报记者 陈淡宁/文 吴

前晚,杭州歌剧舞舞蹈剧场《遇见大运河杭州大剧院。

距离去年5月的首个月,在这10个月中,运河》,走过了11座城

"在行走了1.72万我们的起点。"《遇见大歌剧舞剧院崔巍说,"这一路的成长,然后带装出发。"

田野间的故乡

由300多位师生参与,踏访闽台300多个乡村,历时3年田野调研、记录完成的《闽台历史民俗文化遗产资源调查》丛书,日前已由厦门大学出版社出版。该丛书共13册,分闽台民间信仰习俗、民间文学、民间艺术、民间体育、传统方言、传统饮食、传统服饰、传统节庆、传统民居建筑、传统手工技艺、传统人生礼仪、传统农林渔业生产、传统茶叶生产与茶文化习俗等13个专题。

近日,来自北京、上海、内蒙古、河北、云南、贵州和台湾的80余位专家学者聚集厦门,在由中国人类学民族学研究会和厦门理工学院联合主办的第三届闽台文化遗产资源调查论坛上,围绕《闽台历史民俗文化遗产资源调查》丛书和所涉及的两岸农林渔及手工技艺文化遗产资源生产性保护、两岸古村落保护与旅游产业开发、民俗文化遗产资源田野调查、文化遗产传承人保护以及民俗资源产权与安全问题、文化资源资本体系等问题进行了学术研讨。

(罗雪村)

文苑

本版公共微信号:

"舞蹈剧场"看"

欧建平

大运河,一个我很熟悉的名字,一条对我而言又很陌生的河流,因为一部舞剧,踏入了我的心里。最近,杭州歌剧舞剧院推出的新作《遇见大运河》,让我第一次读懂这条承载着历史与使命的大河。这条人工开凿出来的长河,曾在近800年的时间里,连接并推动着中华神州的经济、政治与文化的发展,在历史的堤岸边留下厚重的积淀与至今鲜活闪亮的人文精神,值得我们世代珍惜。

崔巍,作为中生代编导家,20多年来创作了风格多样的作品。作为艺术家,她醉心于探索能够表达舞蹈诗意本质的新样式;作为全国人大代表,她敏锐地关注着这个时代与世界的变迁。此次以"大运河"为主题的创作,就是这样一份水到渠成的新成果,也是生活在杭州这个京杭大运河起点处的她所感受到的使命。

"舞蹈剧场"发端于上世纪70年代末,起因是德国现代舞蹈大师皮娜·鲍什不满于传统芭蕾舞剧一统天下,不满于舞剧创作被囚禁在童话故事、封闭的结构和程式化的动作语言中,以及舞蹈演员不许说话等种种清规戒律。在德国小镇乌帕塔尔,皮娜·鲍什开创出舞蹈无所不能的剧场表演理念与样式,为各国的舞蹈创作者提供了天马行空的自由。

崔巍选取"舞蹈剧场"这种对中国观众来说还比较陌生的样式,是希望在表现

在舞台上……以两块挂屏表现主人公时隐时现、若即若离的婀娜舞影,使得人与自然相互依存的感情呈现于观众的眼前。

一滴水演绎一千年

水灵、娘娘腔与大舞台上的小角色

舞蹈剧《遇见大运河》

牵手运河之都

济宁西部车管中

台剧《中国大运河》昨日启动,《碟中谍》作曲家加盟音乐制作
年4月起,沿着运河边的35个城市巡演

上2498岁的大运河讲故事

记者 陈宇浩

吃过晚饭,顺着运桨影来到拱宸桥,顺一出养眼养心的舞——用不了多久,惬意的休闲,将成为杭州人生活中的一

《中国大运河》宣传海报

人文世界·艺术评论 19

大运河,终于遇见你

一滴"水",无穷"动"

"滚动"中的身体动力

"浮动"中的身体和谐

"压动"中的身体状态

"涌动"中的身体抽象

百姓故事 细细讲来

一路流淌 一路歌

舞台剧……将在杭州……2014年……护航"……成为杭……。

……的,应该……懂的史……动仪式……信心满

让大运河讲故事

因为西湖的存在,大运河……会被抢了风头。

"其实,一条运河里头,藏着……的魂。"《中国大运河》艺术顾问……剧院院长张和平开门见山,"文…………它有太多故事,不讲出来太……

如果2014年大运河申遗……要讲讲故事,让全世界读懂它……

让大运河讲故事,就是创……

巍心中的石头落地了。

昨天,张和平好几次用"星光灿烂"4个字,来形容坐在身边的各位搭档。

除了张和平、崔巍外,《中国大运河》的编剧是国家一级导演萧加、上海戏剧学院教授曹路生;舞美是国家"五个一工程"奖得主季乔;灯光则由人称"灯奶奶"的肖丽河担纲。

有意思的是,该团队中的好几个人,都是当年北京奥运会开幕式的战友。

《碟中谍》作曲家……

《中国大运河》的主创班底……一张洋面孔——克劳斯·巴德……当年的战友。

像《加勒比海盗》、《碟中谍》、《角斗士》等好莱坞大片的主题曲,都是他创作的。

这一次,克劳斯将担任《中国大运河》的音乐总监。

对于克劳斯来说,大运河是新鲜而陌生的。前天,他在运河上坐了足足两小时的船,

……所有的情绪和回忆,都会从我大脑里"读档"。

同样是水,大运河的旋律,会不会有加勒比海那种恢弘磅礴的影子?

"不不不。"当被问及这一点,克劳斯连忙摆手,"《加勒比海盗》主要是围绕一个人,强尼德普。但《大运河》包含的东西太多了,文化、经济、政治、皇帝、老百姓……所以,我的音乐既要把历史的真实性表达出来,也不能少了娱乐性。"

过段时间,克劳斯还会再来趟杭州,住一住,采采风。

除了兴奋,这个牛气十足的老外,也知道自己肩上的担子有多重,"你们中国有这么多顶尖的作曲家,偏偏选了我这个外国人来写《中国大运河》,我肯定得变出些好东西。"

初稿已经完成,明年4月首演

经过3年的前期筹备,目前《中国大运河》已经完成了舞台脚本初稿。舞台剧到底长啥样,也是所有人心里的问号。

对于细节,昨天每位主创的嘴巴都很严,只有崔巍意味深长地说了一句:"它不仅仅是舞台剧,大家到时候千万别惊讶。"

可以肯定的是,舞台剧《中国大运河》将混搭多种艺术表现形式。不过,它的结尾,却有些克里斯托弗·诺兰(《盗梦空间》导演)的风骨——全开放式。

"换句话说,它是没有句号的。随着历史的演变,结尾也会一直改变。"崔巍说。

明年4月,结束杭州的首演后,《中国大运河》就会倒走"乾隆下江南"的路线——沿着运河岸的35个城市,一个一个巡演过去。

古时候"京剧画舫(在古代也是沿运河演出,红极一时)"的味道,将被再度勾勒出来。

当然,最有眼福的肯定还是杭州人。

巡演结束后,《中国大运河》将在拱墅区的运河旁扎根,像百老汇、伦敦西区一样,变成驻点的演出形态。

到那一天,除了留住历史和积淀,大运河也会因为《中国大运河》,留住更多的人。

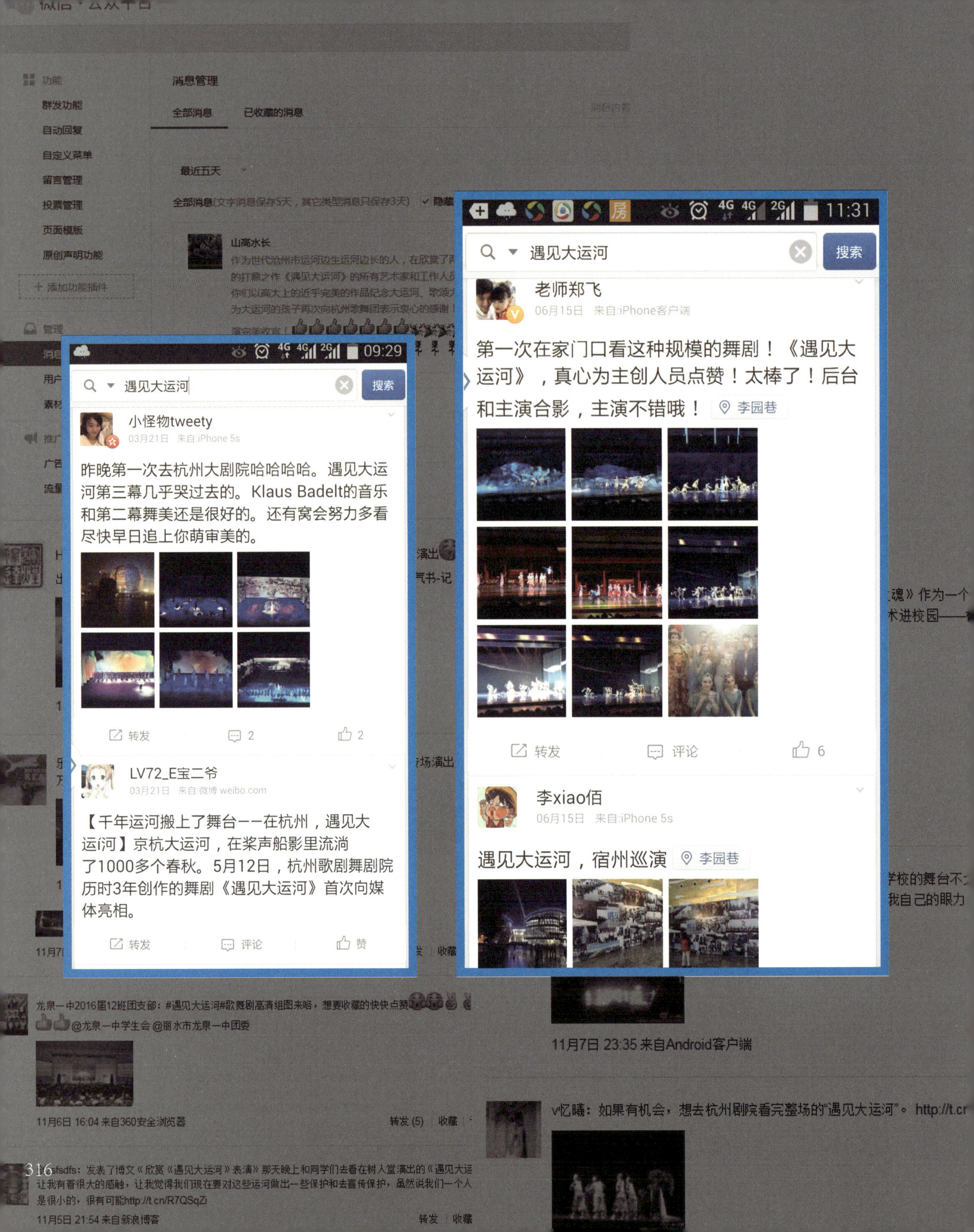
消息管理
全部消息
已收藏的消息
功能
群发功能
自动回复
自定义菜单
留言管理
投票管理
页面模版
原创声明功能
最近五天
全部消息(文字消息保存5天，其它类型消息只保存3天)
山高水长
09:29
遇见大运河
搜索
小怪物tweety
03月21日 来自iPhone 5s
昨晚第一次去杭州大剧院哈哈哈哈。遇见大运河第三幕几乎哭过去的。Klaus Badelt的音乐和第二幕舞美还是很好的。还有窝会努力多看尽快早日追上你萌审美的。
转发
2
2
LV72_E宝二爷
03月21日 来自微博 weibo.com
【千年运河搬上了舞台——在杭州，遇见大运河】京杭大运河，在桨声船影里流淌了1000多个春秋。5月12日，杭州歌剧舞剧院历时3年创作的舞剧《遇见大运河》首次向媒体亮相。
转发
评论
赞
11:31
遇见大运河
搜索
老师郑飞
06月15日 来自iPhone客户端
第一次在家门口看这种规模的舞剧！《遇见大运河》，真心为主创人员点赞！太棒了！后台和主演合影，主演不错哦！
李园巷
转发
评论
6
李xiao佰
06月15日 来自iPhone 5s
遇见大运河，宿州巡演
李园巷
龙泉一中2016届12班团支部：#遇见大运河#歌舞剧高清组图来啦，想要收藏的快快点赞
@龙泉一中学生会 @丽水市龙泉一中团委
11月6日 16:04 来自360安全浏览器
转发(5)
收藏
11月7日 23:35 来自Android客户端
v忆曦：如果有机会，想去杭州剧院看完整场的"遇见大运河"。
11月5日 21:54 来自新浪博客
转发
收藏

大运河历史大事记

中国大运河文化遗产发展简史

2500年前

中国春秋战国时代，
为争雄称霸等军事目的，
人工开凿的运河已在多地出现。
这为大运河的最初雏形奠定了基础。

公元前486年

吴国在今扬州附近开挖邗沟，
沟通长江与淮河水系，
成为中国历史文献中记载的第一条，
有确切开凿年代的运河。

公元605年
（魏惠王十年）

魏国开始挖掘改造鸿沟，
北接黄河，南边
沟通了淮河北岸的几条主要支流，
构成了黄、淮之间的水路交通网络。

同样在春秋时期

越国兴建“山阴故水道”
早期浙东运河开始出现。

舞蹈剧场

《遇见大运河》

创作、巡演历程记录

2010年2月—2012年10月

舞台剧《中国大运河》
主创团队历时三年创作、采风，
走进运河沿线城市，深入生活，
亲历这条千年历史的运河以及挖掘
丰富的非物质文化遗产，
探寻出创作主线。

2012年10月24日

舞台剧《中国大运河》
正式启动，在浙江省人民
大会堂首次召开媒体见面会。

公元204—206年
（建安九年—建安十一年）

曹魏始疏浚白沟。
成为永济渠和南运河、北运河的前身。
开凿阳渠以沟通洛水与黄河，
洛阳成为全国最大的漕粮集中地。
当时，由京城洛阳入汴渠，
至徐州入泗水，由泗水入淮水，
再转经邗沟可达于江南。

公元前605年
（大业元年）

隋炀帝开通济渠。洛阳、扬州、
杭州等城市进入发展高峰期。

公元608年
（大业元年）

隋炀帝开凿永济渠，
直抵涿郡（今北京南郊），
从而完成了以洛阳为中心，
东北方向到达涿郡，东南方向
延伸至江南的一条“Y”字形运河。
洛阳成为链接古丝绸之路与
中国东部地区的枢纽。

公元611年

隋唐大运河贯通。
穿越5大水系的连续性、
统一性水路运输线路出现——
包含通济渠（汴河）、浙东运河、
江南运河、永济渠（卫河）山阳渎。

北宋时期

龟山运河修建，运河与淮
河相交的南北运口皆有闸坝控制。
人工水路与天然河道区分开始逐渐分明；
运河逐步成为独立的工程体系。

2013年3月

舞台剧《中国大运河》
申报浙江省文化精品扶持工程
第八批扶持项目。

2013年4月

舞台剧《中国大运河》
在梅地亚酒店做现场汇报陈述。

2013年6月21日

舞台剧《中国大运河》
被评为浙江省文化精品扶持工程
第八批扶持项目。

2014年2月20日

舞台剧《中国大运河》更名为：
舞台剧《遇见大运河》。

2014年3月22日

舞台剧《遇见大运河》
更名为：舞蹈剧场《遇见大运河》

2014年4月13日

《遇见大运河》
全网征集“我的水故事”，
迎来了第一批观众进入排
练厅观看舞剧片段。

公元1128年
（南宋建炎二年）

宋守军杜允为阻金兵，决黄河堤。
黄河夺淮改道，进入南行流向期，
这影响并形成了持续
700余年的大运河漕运鼎盛使用期。

同样在两宋时期

淮阳和江南运河上，
在运河与长江、淮河相交处，
复闸出现。形成了
有效的漕运组织并一直为后代沿用。
开始以"运河"命名各地河道区段。
浙东运河基本渠化，已延伸至宁波。
宁波成为连接内河与外海的重要枢纽。
来自高丽、日本等地的使者、商人、
僧侣至明州登陆可进入中原腹地。

公元1153年
（金贞元元年）

金于燕京为中都。
从此经元、名、清，
以北京为终点的漕运体系形成。

公元1282–1289年
（至元十九年 — 至元二十六年）

济州河、会通河开凿，
并成功翻越大运河水脊
山东济宁南旺。此前郭守
敬勘察河北、山东、河南、
江苏，对黄河故道的大范围测量，
应用了高程（海拔）的理念和数据。
这比世界领先600余年。
为会通河的修建创造基础。

2014年4月23日–5月11日

《遇见大运河》
历史两年的音乐创作在英国
Abbey Road Studios完成录制。

2014年5月12日

舞蹈剧场《遇见大运河》
首次向媒体亮相，
邀请观众朋友们在5月21日，
这个美妙的初夏之夜，
走进杭州大剧院
一起倾听千年
大运河流淌的水声……

2014年5月13日–20日

杭州大剧院装台、彩排。

2014年5月21日

舞蹈剧场《遇见大运河》首演。
投放"心愿瓶"，
传递保护运河的爱心行动：
"保护运河 民族使命点燃心中梦想"。

2014年5月21日–23日

杭州大剧院首演亲民票价，
不打折不送票，
让老百姓都能走进高雅艺术殿堂，
三场演出场场爆满，就连甚
少使用的剧院三楼也坐满了观众。

公元1293年（至元三十年）

郭守敬主持通惠河及其水源工程至此京杭运河全线贯通——含通惠河、北运河、南运河、会通河淮扬运河江南运河。

公元1578年（明万历六年）

明总理河槽潘季驯开始修建淮安高家堰，逐步形成的青口洪泽湖水利枢纽工程体系，代表17世纪人类工业革命开始前，世界土木工程技术的最高水平。

同样在明清时期

大运河沿岸的城镇呈现“因河而兴、因河而亡”的发展特征。中国文化中心区，向大运河沿线迁移。多种文学与文艺形式，都沿运河沿线生成、传播、兴盛。

公元1851-1855年

淮河、黄河相继大改道。持续700余年的国家南北漕运体系终结。

2014年6月24日

舞蹈剧场《遇见大运河》导演崔巍带着演员们将舞台搬向运河，来到了拱宸桥边，与运河儿女共同庆祝运河申遗成功。

舞蹈剧场《遇见大运河》

开启运河城市巡演征程
【融入当地运河文化元素】

2014年9月10日-13日

舞蹈剧场《遇见大运河》走进江苏扬州。扬州作为《遇见大运河》全国巡演的第一站，是一个双向选择。扬州是历史上运河第一锄的城市，对于运河和《遇见大运河》而言都有着特殊的意义。

2014年9月25日—12月3日

二十八场高雅艺术进校园的巡演传播中，舞蹈剧场《遇见大运河》水故事进校园第一季启动，首先走进浙江大学，在校园里的每一次遇见都是新的故事、新的开始。

公元1872–1912年

轮船招商局成立，海运能力加强。
津浦铁路通车。
至此，始于自然力量、
盛于人工智慧、
最终溃于自然和社会共同交织因素，
大运河再次成为区域性的运输线路。

20世纪

大运河的文化遗产价值，
开始为社会各界所重视，
以专家毛昭晰（浙江）、
单霁翔（北京）
为代表的研究和
呼吁反复出现。

2005年

12月15日，
以《关于加快京杭大
运河遗产保护和申遗工作》
为题，郑孝燮、罗哲文和朱炳
仁联名致信18个运河城市的市长，
呼吁加快京杭　大运河申报世界文
化遗产的工作。

2014年12月17日

舞蹈剧场《遇见大运河》
应邀参加2014中国“城市力量”
峰会暨腾讯助德人物年度颁奖盛典。
《遇见大运河》编导崔巍被评为
腾讯大浙网“十大年度人物”
运河舞者称号。

2015年1月27日–29日

舞蹈剧场《遇见大运河》
走进　河南·洛阳
【隋唐大运河的中心、枢纽城市】

2015年3月18日–20日

舞蹈剧场《遇见大运河》
回到家乡 浙江·杭州
【献礼2015年“世界水日”】
在2015年3月22日
“世界水日”到来之际，
《遇见大运河》剧组
感恩百姓的一路支持与鼓励，
谨以此剧献给2015年“世界水日”
宣传美丽浙江水的魅力所在。

2015年5月12日–6月9日

高雅艺术进校园，
舞蹈剧场《遇见大运河》
水故事进校园第二季启动。

2006年

大运河文化遗产保护工作，
迎来最为重要的转折点。
2月，以三位老人的公开信为契机，
58位政协委员联合向全国政协
十届四次会议提交了一份提案，
呼吁启动对京杭大运河的抢救性保护工作，
并在适当时候申报世界文化遗产。
3月，受全国政协委托，由郑孝燮、
罗哲文、朱炳仁、齐欣组成的调查组，
前往杭州和扬州为大规模考察做前期沟通。
5月，全国政协组织了历史上
规模最大的大运河考察；
在京杭大运河保护与申遗研讨会上，
通过了《京杭大运河保护与申遗杭州宣言》
国家文物局宣布京杭大运
河成为全国重点文物保护单位。
12月，大运河进入
《中国世界文化遗产预备名单》
重设目录。

2007年

9月，国家文物局正式宣布，
扬州成为中国大运河申遗牵头城市，
大运河申遗联合办公室在扬州揭牌，
大运河申遗工作正式启动。
“中国大运河”名称，正式出现。

2008年

3月24日，大运河
保护与申遗工作会议
暨大运河保护规划编制
研讨会在江苏省扬州市举行，
来自大运河沿线的8省、
直辖市文物主管部门负责人，
大运河沿线33个城市通过了
“大运河保护与申遗扬州共识”。

系列活动

纪念中国大运河申遗
成功一周年：

2015年6月13日–16日

舞蹈剧场《遇见大运河》
走进 安徽宿州：
【中国现存的大运河活化石，
隋唐大运河通济渠泗县段】
①宿州泗县
“万里红线 守护运河”的行为艺术。

2015年6月25日–28日

舞蹈剧场《遇见大运河》
走进 山东济宁：
【运河全线至高点——
济宁汶上县南旺分水枢纽遗址】
②祭治理大运河功臣宋公、白公仪式。

2015年12月9日–12日

舞蹈剧场《遇见大运河》
走进：河北沧州捷地减闸。

2015年12月15日–18日

舞蹈剧场《遇见大运河》
走进：山西太原青年宫演艺中心。

2009年

6月13日，中国文化遗产日当天，
在北京市通州区建立了第一块
“大运河遗产小道”GT路标。
9月25日，大运河保护和申遗
工作会议在江苏省扬州市召开。

2010年

“2010年中国运河年”活动启动。

2011年

9月，第五届
中国·扬州世界运河名城博览会上，
各国、各方专家再聚扬州，
共话大运河发展大计。

2012年

6月18日，
国家文物局在北京召开
大运河首批申遗点段专家评审会，
研究论证大运河申遗文本的核心内
容评审推荐大运河首批申遗点段。
9月27日，
杭州大运河文化节捧出精彩文化大餐，
与扬州互为呼应。

2013年

国家文物局正式
确定了首批申遗点段，
安徽境内2个遗产点入选。

2015年12月19日–23日

舞蹈剧场《遇见大运河》
走进：天津北运河。

2016年1月18日–20日

开启世界巡演征程
舞蹈剧场《遇见大运河》走进：
新加坡滨海艺术中心。

2016年4月–5月

应各高校邀请，
舞蹈剧场《遇见大运河》
再次开启校园十场巡演征程。

2016年6月8日–12日

舞蹈剧场《遇见大运河》
在中国第十一个文化遗
产日走进北京国家大剧院。
剧组联合各运河城市代表，
共同向党和国家、首都
人民汇报中国大运河申遗成功后，
为保护运河所做的努力与贡献。

2016年10月21日

《遇见大运河》剧组
参加首届大运河国际高峰论坛，
分享如何通过艺术作品的形式，
保护传播世界文化遗产。

2014年

在塔尔多哈举行的联合国教科文组织
第38届世界遗产委员会会议上，
“中国大运河”被批准列入
《世界遗产名录》，
成为我国第32处世界
文化遗产和第46处世界遗产。

当前

大运河自济宁以南河道，
具有稳定、重要的通航水运功能；
其余为无水或者仅存遗址河段。
大运河全线，仍在发挥引水、排涝、
排污、灌溉、景观、价值研究、
文化遗产体验等多重功能。
中国大运河，作为人类
与大自然相互影响、
相互依存的独特例证，正在
向世人展现着全新的文化遗产价值。
保护运河、助力运河申遗的使命。

2016年11月2日

全国政协副主席李海峰
率领全国政协文史和学习委员会，
就“大运河申遗成功后的保护和利用”
专题赴浙江省开展调研工作，
舞蹈剧场《遇见大运河》
文化遗产传播行动的开展情况，
是调研组在浙江的第一个调研项目。

2017年1月1日

《遇见大运河》
剧组参加新年祈福走运大会，
祝福杭州与世界同走运。

2017年6月–7月

舞蹈剧场《遇见大运河》
开启世界巡演征程，
将走进法国、德国、
埃及等世界运河城市，
向世界传播中国千年运河文化。

总 策 划：袁亚春
主　　编：崔　巍
副 主 编：陈丽霞
责任编辑：谢　焕
资料统筹：季文静
摄　　影：李　革　林　毅　刘海栋　萧　加　崔　峻　黎小冰　山佳弘
　　　　　李　忠　吴　煌　张闻一　季启星　吴映弟　叶君奋　荣　平
　　　注：书中部分老照片由西德尼·戴维·甘博拍摄于 1900–1920 年
设　　计：偏飞设计事务所
设计执行：刘益红　丁明阳

感谢。

感谢所有给予《遇见大运河》支持、帮助的老师和朋友们。

图书在版编目 (CIP) 数据

遇见大运河 / 萧加著. — 杭州 : 浙江大学出版社, 2017.5
ISBN 978-7-308-16603-4

Ⅰ. ①遇… Ⅱ. ①萧… Ⅲ. ①大运河－介绍 Ⅳ.
①K928.42

中国版本图书馆 CIP 数据核字 (2017) 第 008318 号

遇见大运河

萧 加 著

责任编辑 谢 焕
责任校对 田程雨
设计统筹 项梦怡
出版发行 浙江大学出版社
(杭州市天目山路 148 号 邮政编码 310007)
(网址: http://www.zjupress.com)
排 版 偏飞设计
印 刷 浙江海虹彩色印务有限公司
开 本 889mm×1194mm 1/16
印 张 21.5
字 数 280 千
版 印 次 2017 年 5 月第 1 版 2017 年 5 月第 1 次印刷
书 号 ISBN 978-7-308-16603-4
定 价 118.00 元

浙江大学出版社发行中心联系方式: 0571-88925591; http://zjdxcbs.tmall.com

“他们说：

《遇见大运河》团队／感悟

Cui Wei

崔巍

我深刻感受到，每一次采风后，孩子们在表演时能更加入戏，他们的成长是飞速的，因为他们的脑海里已不再是空空的。站在古纤道上，他们有了纤夫这个形象的概念，感受到了千余年来无数劳动人民身背纤绳走过这段纤道时的模样；站在舞台上的时候，他们能将所看到的、感受到的表现出来，没有丝毫的刻意做作，也是因为这是真实的情感表达。随着《遇见大运河》10场、20场、30场地不断演出，能够真正打动观众、使得掌声不断的原因，正是孩子们对运河历史的了解、对运河人家生活的用心演绎。

此时，我也再一次感受到艺术源于生活的力量。在生活中，我们会感受到许多简单而能触动心灵的时刻，当我们创作的视角以百姓为刻画对象时，我们会觉得自己是沐浴在温暖的大海中一样。

Zhou Ke

周可

“我在剧中扮演的是“水灵”。对运河水了解得越深，我越发感到，如果说长江像父亲一般，拥有宽广的胸怀，那运河就如同是母亲，她用乳汁哺育着运河两岸的人民。运河之水映衬出的更是女性的那种柔美。为了寻找运河水的美，一天十多个小时泡在练功房，成了我的生活常态，挥汗如雨只因心中对于水的信念。每每走在运河边，我都会以一种很特别的视角来看待水。因为对待水的态度，从某种意义上就是对待生命的态度。而我要以一种艺术的眼光，用通过心灵进行审美的态度来对待水。

曾凯

“我捧着一滴水，
让千年时间的细沙流去，
唯你在我手心荡漾，起伏，波澜。

Zeng Kai

Hua Xi

华茜

作为一名舞者，在舞台上刻画人物，主要是通过舞蹈动作和表演进行描绘和填充。而这次，无论是舞蹈剧场这样在形式上的大胆首创，还是舞蹈演员首次尝试话剧表演，都无疑是一次破天荒的尝试。就像现在非常提倡要成为“复合型人才”一般，我们不仅要会跳，还得会说，更要学会如何融会贯通。在舞台上真正做到行即语，语表形。套用剧中人物微米的话说：这不是我的强项，但是这样的挑战，我喜欢！也许是性格关系吧，我总喜欢挑战自己的极限，因为我相信人有无限潜能，只是看你自己怎么去挖掘这沉睡的潜力。而且让我兴奋的是，正是这如此难得且珍贵的机会，让我开始涉足舞台表演的另一个领域，挑战自己未知的那片空白。

曹正男

我突然想起一件事，得感谢团里。首演第二场的时候，就因为那天我的表演，让我得到了我现在的女朋友、以前的同事方柯女士的芳心，哈哈哈哈！这我必须得感谢崔老师，感谢老师，感谢父母，感谢领导，感谢祖国，让我不再单身，不再孤单，得到真爱！

说真心话，院里给了我机会，我会好好把握，不会辜负院里的期望，把小弟越演越好！不让大家失望！

Cao Zhengnan

"Zuo Xudong

左旭东

我在《遇见大运河》中饰演的角色是"吕叔"，他是一个已经年过半百的历史学家，无论身份还是年龄都和我有着天壤之别。更难把握的是之前我们从未涉及过的台词表演。这让我一开始无从下手，不知该如何表演。这时候就需要我们放下自己，去了解人物的性格特征，将自己代入角色中。靠着平时的生活观察，将自己的人物角色和现实中类似的人物放到一起去观察，然后理解自己对角色的感悟，再用艺术的形式去体现，从而使人物更加丰富饱满，让人物性格更加立体。

"Li Ting

每个学校的环境设施都有所不同，有些简陋到我们要打地铺；有些只能让女孩住房间，而男孩要住过道；有些甚至就一间房，中间拉个帘子；还有的里面摆放的全是破空调、破凳子桌子、木棍木板什么的，我觉得我们就像偷渡客，随时随刻都会被海关抓起来。最夸张的是，我们跳舞跳到一半，电突然跳闸了，顿时一片漆黑。可这样也阻止不了台下老师和学生们热烈的掌声……演出场地条件再差，都影响不了我们继续演出，再困难的情况我们都能一一克服！我们会保证每一场都是圆满成功！

李婷

Deng Chunqing

邓春晴

“一站紧接着下一站，走台—演出—走台，无限循环，充实、忙碌中夹杂着身心疲惫，但是有些风景如果你不站在高处，就永远体会不到它的魅力；有些路，如果你不去启程，就永远不知道它是多么的美丽。

Chen Haokai

陈浩凯

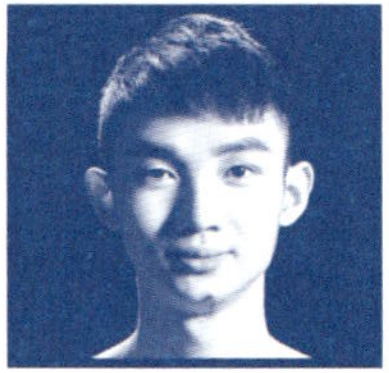

“之前每巡演至一个运河沿线的城市，我们的第一脚都是先踏上运河的土地。我现在已经明白，我们要做的就是将最真实的运河搬上舞台。聚光灯下的演员固然是我们，而观众所及的，是一群撕扯的泥土，是那辉煌灿烂的繁盛市井，同样也是如今正在喘息着的运河。

“

Zheng Chaohua

郑超华

我通过剧中的“我”——醒生，真正地重新认识了大运河。她的过去、她的现在和她的未来都牵动着我的心。就像剧中醒生在快结束时说的一句话：大运河已经在我的心里留下了不可磨灭的印记。希望大运河这条凝聚着中华民族精神的河流，在人们的保护和关怀下能重新回到千年前的盛世繁荣。

嘘！你们听到了，看到了吗？……“不就是一条小河沟嘛”，这是我在舞台剧《遇见大运河》中扮演的角色醒生再开场时对大运河的描述。的确，如今的中国大运河在千年的历史演变中，从最初的漕运、防洪、灌溉多功能齐备，运河两岸人声鼎沸，盛世繁荣，到如今人们为了现代化工业的发展，在运河边建了各种不同的工厂，把废水排放到运河里，使得现在的大运河的好多河段变得又黑又臭，有的只有很窄的一条水沟，有的甚至只剩下了干涸的河床。这还是与长城一起被并称为中国古代劳动人民创造的伟大工程之一吗？中国长城早在1987年就被确定为世界文化遗产。可大运河呢？如今还静静地躺在我们身边，遭到人们的破坏和污染。也难怪，剧中的醒生会说出“不就是一条小河沟嘛”这样的话。或许，现在有很多人对大运河的看法也会像醒生一样，会说出类似的言论吧。

Li Suhang

李苏航

那一天我也去了运河博物馆，也许因为是工作日的关系，博物馆里空荡荡的，几乎没有什么游客，只有几个零星的摄影爱好者在随意拍摄着。展厅里的雕塑在昏暗的灯光下，显得格外孤单。或许，这是因为根本没有几个人会对这样的博物馆感兴趣吧！更说不定，在大多人心中，这早已是一个被遗忘的主题。

这种遗忘，不是忘记了这条运河的名字，而是忘记了她存在的意义，忘记了她的过去与现在。这不是简单的遗忘，而是一种漠然，一种忽视，就如舞剧第三幕里那令人心寒的冷漠。

我站在大厅中，望着昏暗冷清的展厅，也只能无奈一笑。其实如果不是因为这舞剧，我想我也会和大多数人一样，对这个博物馆，不会提起一丝兴趣吧！

正是因为这次舞剧的契机，我才会注意到这条已经不起眼的运河。尽管她有着一个响亮的名字“京杭大运河”，尽管她曾经的名字“黄金水道”曾耀眼辉煌，可是眼前的她，就如一个年迈的老妇人，在岁月中失去了动人的容颜，在我心中也一直如此的微不足道。

但此时，当我遇见了她，当我站在拱宸桥上的这一刻，当繁忙的船队与两岸的柳绿桃红在我眼前定格的这一刻。我才发现，原来曾经美丽的她，如今依旧会让人沉迷。

她的运，依旧如昔！

如果中国意识到发达国家在工业发展道路上走过的这条弯路，本不必重蹈覆辙。但是现在的情况显然并不乐观，当前中国的发展模式，对资源的掠夺、破坏依然严重。以前，中国的水污染问题基本不存在，80年代以来，这个问题越来越严重。似乎，“李约瑟之谜”提出的问题仍在继续。

然而随着对舞剧内容的逐渐了解，我发现此时的大运河已经进入了一个最艰难的时代。就如之前所说的，人们的冷漠和遗忘，无数人为的破坏，工业的污染，导致如今的运河已经千疮百孔。但是在了解现状的同时，我也有了更深层次的感悟，明白了大运河这部舞剧的真正含义，明白了这部舞剧所要表达的精神：从大运河开凿时的艰难到大运河的繁荣与辉煌，再到现在人们的冷漠与遗忘，最后到一些人对运河的反省与关爱，我们要让这份爱扩散下去！

侯浩远

Hou Haoyuan

费野

我想，
为了修筑运河长眠于此的人们
也已用另一种方式获得了永生。

Fei Ye

余梦瑶

"Yu Mengya

到现在为止，我们已经进行了十九场高雅艺术进校园活动，也就是在浙江省内十九所高校进行了《遇见大运河》的传播活动，这十九场活动真的让我"遇见"了很多很多！每进一所高校，当演出结束后，每一位同学所感受到的震撼、他们脸上激动和回味的表情、他们送给我们的掌声……都让我们感觉到这是我遇见的最富有情感的师生们。

我们每天早起晚睡，每一天挥洒汗水，带着身体上的伤痛以及苍白的面容，但只要我们站在台上，就一定努力把每一场跳好。

还有九场，这次的高雅艺术进校园就要结束了，希望同学们都能从我们的演出中，感受到每个人身上传承民族文化的重任，希望有更多的年轻人加入到保护人类共同的文化遗产的行列中来，与我们一起传播运河文化，与我们一起"遇见"更多的你！

Yang Xiuxiu

杨琇琇

"从前对大运河了解来自教科书，当我变成它中的一员，感受到它的喜怒哀乐时，我发现"保护运河从我做起"不再仅仅是一个口号。大运河演出了很多场，从最开始的创作到现在一路披荆斩棘，我们面对了很多。膝盖淤青是家常便饭，腰部扭伤也不算什么，这一切都是为了呼吁大家保护我们共同的财富。

Ding Ning

丁宁

中国古代女性以缠足为美，俗称“裹小脚”，这可以说是最代表中国女性美的名词。没想到，在这部舞剧里面我扮演了一个“裹小脚”的角色，可算是真正“穿越”了一把。

虽然在扮演上没有真正的“缠足”，可舞台上的这双鞋子是让我吃足了苦头：正所谓想要深刻了解历史，一定要确确实实地经历一次。我不禁为古代女性为了“时尚”所付出的代价而感叹。

Pan Hongwei

潘宏威

“从10月份开始，我们要进行二十多场高雅艺术进校园的活动，至今已经演了十四场。在前几天上台演“五子登科”这个角色时，因为一个技巧动作我把腰扭伤了。在这里说句真心话，现在每做一次用到腰的动作，那种刺痛就如钻心一般，就连平时生活举动都不能幅度很大，只能慢慢来。说实在话，去医院看一下说不好就得花掉半个月的工资，所以我最怕的就是受伤了。但是真的没有办法，不能因为我而影响了演出。大家日复一日地赶车演出，上了台大家都打起精神，把最亮丽、最深动、最热情的状态奉献给观众们，演出结束上了车之后每个人都很疲劳，困得都睡着了。每个人都很辛苦，每个人都有自己的难处，但是为了这项活动，我们都能挺过来。我想为台前幕后的工作人员和可爱的同志们说句：辛苦了。

Zhou Zhanlin

周占林

在《遇见大运河》这部作品中，导演主张不应该只是泛泛地展现某种非物质文化的表现形式，而是要从更深刻的角度发掘它们背后的人和这些人的日常生活；要表现现代社会与人们是怎样对待运河文化，怎样保护运河与它的生存环境的。因此，剧本再三进行修改，甚至在演出过程中，仍在进行调整。导演对作品的要求是真实地表现生活、艺术地反映现实。她说：这是我们的一种责任与使命。

2014年5月21日首演，是为了给运河申遗鼓劲。我们在排练之余或看或写，利用网络、博物馆、报纸等各种媒介深入了解运河文化历史。排练的时候也把学习到的理论贯穿到肢体动作上，从身体感觉进入心里去，也就是这样才能真正地去爱、去心疼运河。所以我们在首演时，呈现给观众更多的是对运河的反思、保护、传承，动作变得不是那么重要了，重要的要是把从心底中对运河的那份爱呈现了出来。

忻皓

在中国版图上，京杭大运河和长城共同撑起了大大的“人”字，大运河更是中华民族最母性、最柔软的力量。十年前，我沿大运河从杭州一路到北京，分别找寻大运河与钱塘江、长江、淮河、黄河、海河五大河的交汇处。一路向北，我从城市到乡村，目睹了污染困顿，见证了江南的繁忙、邵伯湖的宁静、微山湖的波光，直到大河变成了眼前的小沟，方觉时光飞逝，唯有让大家行动起来，共护同一条大运河。

Xin Hao

Ji Wenjing

季文静

人们都说崔老师太厉害了，太强大了。你会发现她的一天，从排练厅给演员抠完动作、讲完戏后，回到办公室审阅各部门报上来的材料，召开院里会议，再与美国作曲家视频会议，再打电话给服装老师沟通演员角色性格的确定，以及关于舞美她所希望达到的效果，到了晚上9点，还有视频影像的老师们在会议室等着她提出创意和修改的意见。这一切结束后，她还要接着把最新的创作思路、采风计划发给每位主创老师……是的，你猜得没错，她每天吃饭都是在会议桌前解决的，就这样一直到晚上12点。即使到了这么晚了，她的思路依然是超清晰的，而那个时候我们都已经两眼快成一条线了。这样的日子过了一年多，好强的她常常脊椎都不能动弹了还一直强撑着。也是因为这样，演出结束后，超人的她终于病倒了，这一病就是一个多月……

Du Wei

杜玮

"

我从小生活在天津市区，因为一次陪妈妈回杨柳青参观母校的机缘，我发现了运河边上一片大气幽静的仿古建筑，深深被其浓郁的传统风情和古典雅正所吸引，于是心心念念想在这里开始一段远离生意与世俗纷杂的生活。在家人和朋友的帮助下，我终于在这里打造了一个供大家书画交游、品茗听琴的四合院。更为重要的是，完全外行的我竟然迷上中国画和书法，每天都能抽出一点时间体会古代文人的生活，心态和情绪开始变得豁达舒缓，在古典文化的熏陶中，重新认识人生，找到一个更好的自我。

2016.01.20
世界巡演走进新加坡

2014.04.13
征集活动现场
水